Sybille Günther

Snoezelen
Traumstunden für Kinder

Praxishandbuch zur Entspannung und Enfaltung der Sinne

Mit Anregungen zur Raumgestaltung,
Fantasiereisen, Spielen und Materialhinweisen

Illustrationen von Vanessa Paulzen

Ökotopia Verlag, Münster

Impressum

Autorin: Sybille Günther

Illustrationen: Vanessa Paulzen

Satz: Studio Bandur, Idstein-Wörsdorf

ISBN: 3-931902-94-3

4 5 6 7 · 09 08 07 06 05 04

... und dazu die CD von Ralf Kiwit
Traumstunden für Kinder
Erde – Feuer – Wasser – Luft
Musik zur Entspannung und Gestaltung von Traumreisen
ISBN: 3-936286-07-8

Inhalt

Snoezelen – ein Zauberwort für süßes Nichtstun 4

Der weiße Raum 11
Die Grundausstattung 11
Raumgestaltung konkret 22
Vorbereitung und methodische Anregungen 27

Die Seele baumeln lassen – Entspannen im Snoezelen-Raum 29
Was ist Entspannung? 29
Entspannungsmethoden 29
Entspannungsmusik 31
Fantasiereisen zur Entspannung 35
Zur Methodik von Fantasiereisen 36
Atemgeschichten 41
Traumgeschichten 44

Mit den Sinnen spazieren gehen – Wahrnehmen im Snoezelen-Raum 54
Was ist Wahrnehmung? 54
Methodik zur Wahrnehmung 55
Vestibuläre Wahrnehmung – Alles was schaukelt und schwindelig macht 56
Somatische Wahrnehmung – Zuwendung über die Haut 63
Akusto-vibratorische Wahrnehmung – Töne fühlen können 69
Auditive Wahrnehmung – Ungewöhnliche Hörerlebnisse 70
Visuelle Wahrnehmung – Perspektivenwechsel 76
Taktile Wahrnehmung – Fun-Tastereien 92
Olfaktorische Wahrnehmung – Immer der Nase nach 97
Gustatorische Wahrnehmung – Auf der Zunge zergehen lassen 107

Snoezelen Im Außenbereich 108

Zum Aufbau von Snoezelen-Stunden 111

Anhang 113
Verwendete und weiterführende Literatur 113
Empfohlene CDs 113
Register 114
Adressen 115
Die Autorin 116

Snoezelen – ein Zauberwort für süßes Nichtstun

Der Begriff Snoezelen – im therapeutischen Bereich längst ein Synonym für entspannte Sinneswahrnehmung in angenehmer Atmosphäre – löst bei „Nichtkennern“ nach erstmaligem Hören häufig ein großes Fragezeichen im Blick aus. Kein Wunder, denn Snoezelen ist eine Wortspielerei, ein Kunstwort. Snoezelen – gesprochen Snuselen – ist eine Kombination der holländischen Wörter „doezelen“ (dösen) und „snuffelen“ (schnuppern oder schnüffeln). Unter dem Begriff „doezelen“ ist Entspannung zu verstehen, mit dem Begriff „snuffelen“ ist nicht nur schnuppern, sondern sind alle Wahrnehmungsbereiche wie Sehen, Hören, Riechen, Schmecken und Tasten gemeint. „Gesnoezelt“ wird in einem reizarm gestalteten, vorzugsweise weißen Raum, der durch seine sparsame aber bequeme Raumausstattung dazu einlädt, die Sorgen des Alltags zu vergessen, eine bequeme Körperhaltung einzunehmen und die Seele baumeln zu lassen. Gedämpftes Licht unterstreicht die wohlige Atmosphäre. Da der Raum und das weiche Mobiliar weiß gehalten sind, lassen sich mit verschiedenen Lichtquellen Lichterspiele auf die Wände projizieren, die BesucherInnen des Snoezelen-Raumes mitnehmen auf einen Weg individueller Assoziationen und Erinnerungen, die vergleichbar sind mit Träumen. Gezielt ausgewählte Entspannungsmusik oder entsprechend geleitete Fantasiereisen unterstützen diese Gesamtsituation. Verschiedenste Sinnesmaterialien zum Sehen, Hören, Riechen, Schmecken und Tasten können diese Entspannungsstunden verändern und ergänzen. Die BesucherInnen von Snoezelen-Räumen müssen keinerlei „Leistung“ erbringen. Oberstes Prinzip beim „Snoezelen“ ist das der Freiwilligkeit. „Niets moet, alles mag.“ Das heißt: „Nichts muss gemacht werden, alles ist erlaubt.“ Ergänzt wird diese goldene Spielregel nur durch eine Einschränkung: Damit sich alle im Raum entspannen können, dürfen die anderen nicht gestört werden!

Damit beim Snoezelen weder zu viele Sinneseindrücke auf die BesucherInnen einströmen, noch Langeweile durch immer gleiche Angebote entsteht, ist eine kompetente Begleitung während der Snoezelen-Stunden notwendig. Die Kunst dabei liegt darin, die Snoezelen-Stunde nach Alter und Bedürfnislage der NutzerInnen individuell zu arrangieren. Um das zu gewährleisten, ist es wichtig, als BegleiterIn die technischen Anlagen des Raumes zu beherrschen, die Wirkungen der einzelnen Sinnesmaterialien zu kennen, pädagogisches Verständnis und eine gute Beobachtungsgabe zur jeweiligen Bedürfnislage der verschiedenen Altersgruppen zu haben und ein „methodisches Händchen" beim Aufbau von Snoezelen-Einheiten zu entwickeln.

Das vorliegende Buch vermittelt praktische Tipps Snoezelen-Räume einzurichten oder schon vorhandene Räume (im Kindergarten und Schulbereich) mit einfachen Mitteln zum Snoozelen-Raum umzugestalten.
Es beschreibt die Zielsetzung beim Snoezelen allgemein und geht auf die spezielle Wirkung von verschiedenen Sinnesmaterialien im Einzelnen ein.
Erstmalig bietet dieses Buch methodische Tipps zum Snoezelen mit Kindern und Jugendlichen.
Der Schwerpunkt liegt beim überlegten Einsatz von Entspannungsmusik, sicher geleiteten Fantasiereisen für jede Altersgruppe und gezielten Wahrnehmungsangeboten für diesen Personenkreis.

Snoezelen erfährt zunehmend auch im pädagogischen Bereich mehr Anwendung: Im Kindergarten, um durch Entspannung zu erhöhter Aufmerksamkeit zu gelangen, in der Kindertagesstätte, um Kindern entspannende Pausen zu gönnen. In der Schule, um Stress und Leistungsdruck abzubauen und um Aggressionen zu mindern, und schließlich in der Jugendarbeit, um Entspannungsmöglichkeiten ohne Drogenkonsum anzubieten.

Durch die kompakte Darstellung von Raumgestaltung, Wirkung, Zielsetzung und Methodik beim Snoezelen ist dieses Buch zudem eine Praxishilfe für die klassischen Bereiche des Snoezelens. Dies gilt sowohl für die Arbeit mit Menschen mit Behinderungen als auch für die Altenpflege.

Zur Entstehung von Snoezelen

Ursprünglich wurde Snoezelen als Freizeitgestaltung für Menschen mit schweren geistigen Behinderungen in Einrichtungen der Behindertenhilfe in Holland entwickelt. Die Einrichtungen „Haarendael", „Piusoord" und „De Hartenberg" waren hierbei die Vorreiter – inzwischen wird weltweit gesnoezelt.

Die Ausgangssituation: Menschen mit schweren geistigen Behinderungen sind in der Wahrnehmung und Wahrnehmungs-Verarbeitung eingeschränkt. Sinneseindrücke, die im Alltag auf sie einströmen, können von diesen Menschen nicht sicher zugeordnet werden, es kommt zur Reizüberflutung. Der Alltag einer Wohngruppe für Menschen mit Behinderungen wird durch eine Vielzahl von verschiedenen Sinneseindrücken bestimmt. Auf einer pflegeintensiven Gruppe herrscht so eine rege Betriebsamkeit von MitbewohnerInnen, Pflegepersonal, TherapeutInnen, SonderpädagogInnen etc., dass Menschen mit Behinderungen hier nur schwer entspannen können.

Zwei Zivildienstleistende waren es, die aufgrund dieser Beobachtungen in den 70er-Jahren erste Ansätze einer Freizeitgestaltung für diesen Personenkreis entwickelten, deren Ziel es war entspannen zu können und möglichst selbstbestimmt isolierte Sinneseindrücke wahrzunehmen.
So gestalteten sie einen Raum, der erstens die Reizflut des normalen Gruppenalltages verbannt, also einen Schonraum zur Entspannung, zum anderen gezielt eine positive Atmosphäre ausstrahlt, in der sich Menschen mit schweren Behinderungen wohlfühlen können.

Dieser Raum war weiß – also reizarm – und mit vielen weichen Sitz- und Liegemöglichkeiten ausgestattet. Es wurden spezielle Lichteffekte installiert, die dazu einluden neue Wahrnehmungen visueller Art zu machen. Das Erleben im Snoezelen-Raum sollte keinem therapeutischen Zweck unterworfen sein. Die methodische Arbeit beschränkte sich auf die genaue Beobachtung, ob der jeweilige Mensch sich wohlfühlt und welche Sinnesreize er bevorzugt.
Die ersten Ansätze fanden großen Anklang. In den letzten 30 Jahren hat sich das Snoezelen immer weiter verbreitet. Die unterschiedlichsten pädagogischen und therapeutischen Berufsgruppen nutzen die positiven Wirkungen des Raumes für ihr Klientel.
In all diesen Bereichen wurde die Erfahrung gemacht und ausgetauscht, dass es beim Snoezelen zu einer tiefen Entspannung kommt – nicht nur für die BesucherInnen im Snoezelen-Raum, auch die BegleiterInnen fühlen sich ausgeglichen und wohl.

Zwischenzeitlich gab es Diskussionen, ob Snoezelen als therapeutisches Mittel dienen kann und darf. Kritische Stimmen merken hier an, dass dem Snoezelen eine grundlegende theoretische Fundierung fehle, ganz besonders für den Bereich der Wahrnehmung.
(vgl. Norbert Störmer, Behindertenpädagogik 28. Jg., Heft 2/1989)
Die Vorstandsmitglieder der Deutschen Snoezelen-Stiftung haben sich vorerst (Stand 2000) auf folgende Arbeitsdefinition geeinigt:
„Unter Snoezelen wird eine gestaltete Umgebung verstanden, in der durch steuerbare multisensorische Reize Wohlbefinden ausgelöst werden soll."
(vgl. Deutsche Snoezelen-Stiftung)

Warum Snoezelen bei Kindern?

Nicht nur Menschen mit geistiger Behinderung leiden an Reizüberflutung. Kein Mensch kann heute die Fülle von Informationen und Sinnesreizen aus der Umwelt immer sicher zuordnen oder gar verarbeiten! Die Schnelllebigkeit unserer Zeit lässt uns kaum Raum für Muße und Entspannung. Kinder reagieren immer häufiger mit Symptomen wie Konzentrationsschwäche, Nervosität, Hyperaktivität oder erhöhter Aggressivität. Spiele zur Entspannung und zur Sensibilisierung der Sinne gehören darum inzwischen fest zum Methoden-Set in Kindergarten und Schule.

Für den pädagogischen Bereich ist Snoezelen zuerst einmal dadurch neu, dass für die Entspannung und Wahrnehmung ein besonderer Raum geboten wird – und das macht auch Sinn. Der besondere Raum macht deutlich, dass darin etwas Besonderes folgt. So wie der Besuch eines Schwimmbades oder einer Sporthalle eine bestimmte Erwartungshaltung weckt und bestimmte „Spielregeln“ beinhaltet, verdeutlich der Snoezelen-Raum, dass jetzt Zeit ist zum Entspannen, Träumen und vielleicht für eine „Überraschung der Sinne“.
Kinder haben ein natürliches Bedürfnis nach begrenzten Räumen, wir alle kennen das beliebte Spiel eine „Höhle“ zu bauen. Die Höhle, ein kleiner kuscheliger Platz, der durch Tücher und Decken nach außen hin abgegrenzt ist, vermittelt das wohlige Gefühl von Geborgenheit. Diesen Höhlencharakter vermittelt der Snoezelen-Raum ebenfalls.

Den Urzustand von Geborgenheit, Entspannung und Wahrnehmung erlebt das noch ungeborene Kind im Mutterleib: Es wird versorgt. Nichts wird von ihm gefordert. Es darf sein.

Gleichwohl kann das Ungeborene schon Dinge aus seiner nächsten Umwelt wahrnehmen. Es hört die Herztöne und die Stimme der Mutter. Geräusche aus der weiteren Umwelt dringen nur in gedämpfter Form durch die Schwingungen des Fruchtwassers zu ihm. Vermutet wird, dass das Ungeborene auch schon ein zartes rosa Licht durch die Bauchdecke wahrnimmt. Das Kind wird durch die Bewegungen der Mutter geschaukelt und gewiegt. Dies alles sind frühe Sinneseindrücke, die Sicherheit, aber auch Wahrnehmungen zur Raumlage vermitteln, erste Erfahrungen, die das Gehirn reifen lassen und ihm wichtige Informationen zum Gleichgewichtssinn geben.

Warum sich Entspannung und Wahrnehmung gegenseitig bedingen und unterstützen, verdeutlicht folgendes Beispiel:
Ein Baby beginnt zu weinen, wenn es Hunger hat, die Windel nass ist, es müde ist oder sich ängstigt. Es erlebt eine innere Spannung aufgrund der genannten Ursachen. Ein Baby, das ausgeschlafen, satt, trocken ist und sich sicher fühlt, ist entspannt und bereit, sich der Welt zu öffnen, Neues aufzunehmen: Es spielt und sammelt so neue Eindrücke. Dadurch, dass es keinen inneren Spannungszustand erlebt, ist es offen dafür, Dinge aus seiner Umwelt wahrzunehmen.
Nicht anders verhält es sich bei Erwachsenen. Ein erwachsener Mensch, der gestresst ist, von Termin zu Termin hetzt, ist von jedem zusätzlichen Reiz genervt und überfordert. Hat dieser Mensch durch Ruhe und Entspannung wieder zu seiner Mitte gefunden, hat er Kraft getankt, ist er bereit, sich auf neue Dinge einzulassen. Er öffnet sich wieder neuen Eindrücken, wir sprechen in diesem Zusammenhang von „Muße haben". Denken wir an Orte der Entspannung, die außerhalb des Alltagsstresses liegen, so verbinden wir damit Aufenthalte in der Natur, einen Wald, einen Bachlauf, eine Wiese, einen verwunschenen Garten oder Sonne, Sand und Meer... Als entspannende (ausgleichende) Tätigkeiten empfinden wir Spaziergänge in der Natur, Gartenarbeiten oder das faul in der Sonne Liegen am Strand...

Snoezelen vermittelt durch die besondere Raumgestaltung zum einen jenes Gefühl der Geborgenheit, das zur Entspannung führt, gleichzeitig laden ausgewählte Angebote für die Sinne, seien es Lichtreflexe, sanfte Musik, die mit Naturgeräuschen unterlegt ist, eine Geschichte oder ein bestimmter Duft aus einer Aromalampe dazu ein, mit den Sinnen spazieren zu gehen.

Die zwanglose Beschäftigung mit verschiedenen Sinnesangeboten führt wiederum zu tieferer Entspannung und Muße.
Der Einsatz von Entspannungsmusik im Snoezelen-Raum entspricht, wie das „Höhlebauen", ebenfalls einem frühen Bedürfnis von Kindern: Immer wenn ein Kleinkind schreit, wird es aufgenommen, und ein einfaches, immer wieder gesummtes Liedchen führt zur Beruhigung. Jeder kennt die obligatorische Spieluhr im Kinderzimmer und die einfachen Schlaf- und Wiegenlieder.

Der weiß gehaltene Snoezelen-Raum hat den Vorteil, dass durch die Reizarmut der Grundausstattung verschiedene Sinneseindrücke isoliert angeboten und damit intensiver erlebt werden können. Er eignet sich für alle Übungen zur Entspannung, für Fantasiereisen, für gezielte Wahrnehmungsübungen, als besonderer Märchenraum, Hörraum, Sehraum, Tastraum, Riech- und Schmeckraum.
Da der Raum immer wieder umgestaltet und für verschiedene Sinneseindrücke gezielt verwandelt werden kann, entdecken die Kinder darin immer wieder Neues. Wichtig ist deshalb bei der Gestaltung den Raum nicht zu überladen und zu einer „sensorischen Cafeteria" aufzuputschen – denn dann verwandeln sich die gut gemeinten Ansätze leicht ins Gegenteil, in einen weiteren reizüberfluteten Raum.

Neu beim Snoezelen ist der Einsatz von elektrischen Lichtquellen, die naturnahe Assoziationen freisetzen. So erinnert beispielsweise eine Blubbersäule, in der Bläschen in wechselnden Farben emporsteigen, an eine sprudelnde Quelle, in der sich das Sonnenlicht bricht. Die Lichtreflexe der Spiegelkugel ähneln dem Sternenfunkeln am Nachthimmel... Die Faszination von Taschenlampenspielen im dunklen Raum ist allen PädagogIn-

nen aus der eigenen Kindheit noch vertraut. Ähnlich sind Kinder von den Lichteffekten mit den verschiedenen Leuchten im Snoezelen-Raum fasziniert.
Kritiker von zu viel Technik im pädagogischen Bereich werden anmerken: Verschafft den Kindern doch lieber das Erlebnis von echten Naturphänomenen! Und natürlich kann ein Besuch im Snoezelen-Raum nicht das Spiel in einer Matsch-Kuhle im Wald ersetzen. Aber während meiner 15-jährigen Unterrichtstätigkeit an einer Fachschule für Sozialpädagogik habe ich durchgängig beobachtet, dass die SchülerInnen nach Besuchen im Snoezelen-Raum auch besser sensibilisiert waren für die „optischen Wunder", die die Natur ihnen bietet.
Wer die Möglichkeiten des Snoezelen-Raumes für Entspannung und Wahrnehmung im pädagogischen Bereich nutzen will, sollte den Kindern gleichrangig genügend Erfahrungsmöglichkeiten in der Natur bieten. Werden die Kinder an der Gestaltung von Snoezelen-Räumen, Snoezelen-Stunden und an der Herstellung von Sinnesmaterialien beteiligt, wird der technische Zauber transparent und die Kinder erleben, dass auch technische Umwelt für sie gestaltbar ist. So wird ihre Neugierde und Eigenaktivität gefördert und reines Konsumverhalten vermieden.

Erfahrungsberichte über die Nutzung bereits bestehender Snoezelen-Räume in Kindergarten und Schule bestätigen die entspannende Wirkung.
Generell fühlen sich die Kinder nach 30 bis 40 Minuten Aufenthalt im Snoezelen-Raum ausgeruhter, lockerer und unbeschwerter. Nach dem Snoezelen ist nicht nur die Aufnahmefähigkeit regeneriert. Der Unterrichtsstoff im Schulbereich wird besser verarbeitet, Lernblockaden sind gelockert, das Sozialverhalten profitiert. Jungen und Mädchen sind weniger gereizt und können leichter aufeinander zugehen. Schulstress und -frust werden abgebaut. Auch die Kreativität fließt freier. Entspannung macht durchlässig für neue Ideen. (vgl. hierzu Brehmer/Lepper)

Das vorliegende Buch will Snoezelen nicht als Allheilmittel für stressgeplagte Kinder verstanden wissen. Snoezelen enthebt uns nicht der Verantwortung, den Kindern im Elternhaus, im Kindergarten und in der Schule einen überschaubaren, stressfreien Rahmen für die individuelle Entfaltung ihrer Persönlichkeit zu bieten. Sehr wohl aber bietet der Snoezelen-Raum eine Fülle fantasievoller neuer Möglichkeiten, Kinder zum Träumen und zum Staunen zu bringen. Vorausgesetzt, die Snoezelen-Stunden sind methodisch gut durchdacht und die Begleitung hat selbst Spaß am Träumen.

Snoezelen bietet zuerst einmal die Möglichkeit, lustvoll und harmonisch gemeinsam die Zeit zu verbringen. Die Kinder können hier Gemeinschaft ohne Leistungszwang erleben. Fühlen sich die Kinder keinem Leistungsdruck unterworfen, können sie sich ausruhen, erholen und innere Kraft tanken. Beim Snoezelen werden Freiräume geschaffen, um zu seelischer Ausgeglichenheit zu finden.

Der abgegrenzte Raum bietet den Kindern Geborgenheit und Rückzugsmöglichkeiten.
Weiche Matten, Kissen und Kuscheldecken erfüllen das Bedürfnis, es sich „gemütlich zu machen“, sich sicher und gut aufgehoben zu fühlen. Es ist für Kinder entspannend, einen Raum ohne Ecken und Kanten zu erleben. Sind im Raum Hängematten, ein Bällchenbad, ein Wasser- oder Luftbett vorhanden, erfüllt dieses Mobiliar den frühen Wunsch „sich getragen“ zu fühlen.

Durch die optische Faszination der variablen Beleuchtung können die Kinder selbst ihren inneren Bildern nachspüren. Fantasiereisen unterstützen sie auf dem Weg nach innen. Sie helfen innere Stärke und inneren Reichtum zu entdecken. Worte und Musik bieten die Möglichkeit auf eigene Weise Kraft zu schöpfen und selbst Fantasie zu entwickeln.

Sorgsam ausgewählte ätherische Öle unterstützen die harmonisierende Wirkung des Snoezelen-Raumes. Gerüche wecken Gefühle, denn der Geruchssinn ist eng mit dem limbischen System verbunden, dem ältesten Teil des Gehirnes, das ankommende Sinneswahrnehmungen mit Gefühlen verbindet; gleichzeitig wirkt das limbische System beim Lernen mit.

In der Entspanntheit können sich Kinder neuen Erfahrungen öffnen, Farben, Gerüche, Musik intensiver erleben, aber auch zwischenmenschliche Nähe spüren. Überhaupt hilft die Sensibilisierung der Sinneswahrnehmung dabei, zur „Besinnung“ zu kommen, sich selbst gegenüber sensibler zu werden, eingefahrene Muster der Wahrnehmung zu verlassen und die Umwelt in neuen Zusammenhängen zu betrachten.

Der weiße Raum

Die Grundausstattung

Der Snoezelen-Raum ist ganzflächig mit weißen, weichen Bodenmatten, Sitzpolstern, Knautschsäcken und Kissen ausgestattet. Er gleicht einem einzigen Riesenkissen, zum sich überall bequem hinsetzen, legen und rumlümmeln. Gewöhnliches Mobiliar wie Tische und Stühle finden wir hier nicht.

Alle weichen Sitz- und Bodenmatten sind mit weißem Kunstleder bezogen, denn wären die einzelnen Elemente bunt, käme zu viel visuelle „Unruhe" in den Raum.

Der Raum ist in der Regel abgedunkelt. Die Beleuchtung übernehmen Lampen, die sanft die Farben wechseln, sich drehen, Lichtpunkte reflektieren oder Fließbilder an die Wände projizieren.

Zum Inventar gehört meist eine (wenn möglich) fest eingebaute Musikanlage.

Ansonsten ist die Grundausstattung sparsam, kann aber immer wieder verwandelt und für neue Sinneserlebnisse und Aktivitäten umgestaltet werden.

Hinweis:

Wer die „große" Lösung bevorzugt, kann sich einen Snoezelen-Raum von Therapie-Versandhäusern komplett einrichten lassen. Diese bieten klientenspezifische Raumgestaltung von der Planung bis zur Umsetzung. In Einrichtungen der Behindertenhilfe und Altenpflege ist es sinnvoll, dieses umfassende Angebot wahrzunehmen, hier sind auch die hierfür notwendigen Mittel meist aufzubringen.

Im Vorschulbereich, in der Schule und in Einrichtungen der Jugendpflege lässt sich der Raum auch mit einfachen Mitteln selbst gestalten. Es ist hier sogar sinnvoll, die späteren NutzerInnen und deren Eltern bei der Raumgestaltung einzubeziehen; so ist später die Identifikation mit dem Raum höher. Für beide Lösungen sind im Anhang entsprechende Bezugsquellen genannt.

Die wichtigsten Elemente im Snoezelen-Raum

1. Abgedunkelte Fenster

Rollos herunterziehen. Wenn nicht vorhanden, die Fenster mit stabiler lichtundurchlässiger Ackerfolie abkleben. Acker- oder Rübenfolie ist im landwirtschaftlichen Handel (Raiffeisen-Markt) erhältlich. Es gibt sie in verschiedenen Ausführungen, besonders eignet sich eine Folie, die auf der einen Seite schwarz, auf der anderen Seite weiß beschichtet ist.

2. Liegelandschaft mit Bodenmatten

Die größte Fläche des Snoezelen-Raumes mit weißen Kunstledermatten auslegen. Im Handel gibt es weiche Bodenmatten, die bereits mit weißem Kunstleder bezogen sind. Es ist aber auch möglich, schon vorhandene Matten (Turnmatten, alte Matratzen...) mit weißem Kunstleder zu beziehen. Kunstleder ist leicht zu verarbeiten und lässt sich auf der Nähmaschine mit normaler Nadel nähen.

Spannbezug aus Kunstleder

Material: weißes Kunstleder (240 cm lang, 140 cm breit, s. Anhang), Nähmaschine, weißes Nähgarn, Stecknadeln, Hosengummi (ca. 5 m), Turnmatte oder Matratze (ca. 15 cm hoch, 1 x 2 m groß).

- Das Kunstleder mit der Innenseite (Gewebeseite) auf dem Boden ausbreiten. Die Matte auf die Stoffbahn legen. Das überstehende Leder nach oben schlagen, an den vier Ecken jeweils zusammenfassen und senkrecht zur Matte mit Stecknadeln fixieren.
- Die Matte wieder herausheben und die fixierten Kanten mit der Nähmaschine von links zusammennähen. Das so entstandene Dreieck an den Kanten bis auf 1 cm abschneiden, das ist zum Umsäumen des Bezuges notwendig.

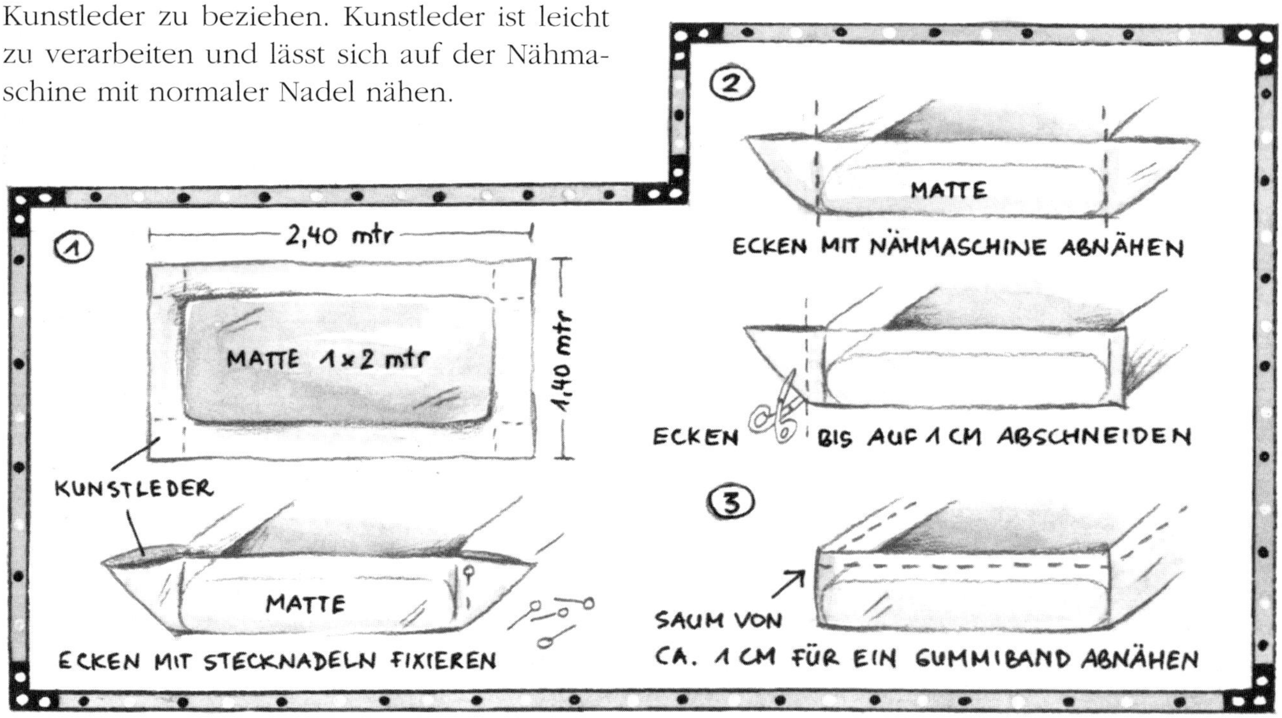

- Einen Saum von etwa 1 cm abnähen; hierdurch ein Gummiband ziehen – fertig ist der Spannbezug aus Kunstleder.

3. Blubbersäulen

Eine Blubbersäule ist eine mit Wasser gefüllte Plexiglas-Röhre, auf deren Boden ein Scheinwerfer montiert ist. Eine sich darüber drehende Farbscheibe lässt das emporsteigende Wasser immer wieder in andersfarbigem Licht erstrahlen. Blubbersäulen werden im Therapieversand komplett mit Einbau angeboten, haben dort eine gute Qualität, aber auch einen stolzen Preis. Mit ein wenig Glück finden sich die Wassersäulen günstiger bei Sonderaktionen im Baumarkt. Am besten eignen sich klassische Blubbersäulen ohne sonstigen Schnickschnack, denn daran sieht man sich schnell satt. Schöne Lichteffekte entstehen, wenn drei Blubbersäulen nebeneinander leuchten.

Ständer für Blubbersäulen

Wichtig ist für die Installierung im Snoezelen-Raum, dass die Säulen einen festen Stand haben und der Fuß mit den elektrischen Anlagen geschützt, gut belüftet, aber auch leicht zugänglich steht. Als Schutz kann ein alter Couchtisch aus Holz dienen. Ist kein Tisch vorhanden, einen solchen aus Spanplatten zusammenschrauben.

Material: Holztisch (30 cm hoch, Tischplatte ca. 1 x 1 m), Stichsäge, 2 Spanplatten (30 cm hoch, 1 m lang, 1 cm stark), Schrauben, elektrischer Schraubendreher, 3 Platten aus weichem Schaumstoff (2 cm stark):
1 x Format 1 x 1 m, 2 x Format 30 x 100 cm, Tacker, Schere, Filzstift, weißes Kunstleder (1 Stück 1,10 x 1,10 cm, 2 Stücke à 1,10 x 40 cm, s. Anhang), Untertasse, Stricknadel

- In die Tischplatte mit der Stichsäge 3 kreisrunde Öffnungen sägen, die im Durchmesser 2 cm größer sind als die Blubbersäulen.

- Die Tischplatte auf die gleich große Schaumstoffplatte legen. Mit dem Filzstift die Öffnungen für die Blubbersäulen auf den Schaumstoff übertragen. Den Tisch wieder herunternehmen und die aufgezeichneten Kreise mit der Schere ausschneiden.

- Die Tischplatte als Schablone auf die Innenseite (Gewebeseite) des Kunstleders legen, die Kreise auf das Leder übertragen, aber nicht ausschneiden! Die Untertasse jeweils auf den Kreis legen, mit Filzstift umranden und strahlenförmig einschneiden.

- Den Tisch aufrecht hinstellen. Die Schaumstoffplatte darauf legen, sodass die Öffnungen für die Blubbersäulen deckungsgleich sind. Den Kunstlederbezug in gleicher Weise darauf legen, die strahlenförmigen Lederstücke durch die Tischöffnung ziehen und an die Unterseite der Tischplatte tackern. Die seitlich überstehenden Ränder des Kunstlederbezuges ebenfalls rundherum an die Unterseite der Tischplatte tackern.

- Für die Sichtblende die 2 kleineren Spanplatten auf die Tischfüße halten und Löcher für die Schrauben vorbohren. Die Platten wieder abnehmen, die 2 kleineren Schaumstoffplatten darauf legen. Mit den 2 kleineren Kunstlederstücken beide Sichtblenden beziehen. Mit einer Stricknadel den Schaumstoff und das Kunstleder an den Bohrlöchern durchbohren. Die beiden Sichtblenden über Eck an die Tischfüße schrauben.

- Den montierten Tisch von oben über die Blubbersäulen herabsenken und in eine Ecke der Liegelandschaft stellen.

4. Spiegelkugel

Die Spiegelkugel besteht aus einem Styroporkern, der von echten Spiegeln ummantelt ist. Die kleinen Spiegel reflektieren Lichtstrahlen, die auf sie treffen. Die Spiegelkugel sollte für einen Snoezelen-Raum 30 cm Durchmesser haben. Im Handel werden motorbetriebene Spiegelkugeln in dieser Größe mit einer Kette für die Deckenmontage für ca. 60 € angeboten. Wichtig ist es, beim Kauf darauf zu achten, dass die Kugel sich langsam dreht! Sind die Umdrehungen zu schnell, wird es den BesucherInnen des Raumes schnell schwindelig. Die Spiegelkugel in der Mitte des Raumes von einem Elektriker installieren lassen.
Achtung: Nicht bei Epileptikern einsetzen! Die Lichtreflexe können Anfälle auslösen!

5. Farbwechselstrahler

Der Farbwechselstrahler besteht aus einem Strahler mit einem davor angebrachten transparenten Farbrad. Er schickt wechselnd farbige Lichtstrahlen auf die Spiegelkugel, diese reflektiert die Strahlen als bunte Lichtpunkte im Raum. Weil die Farbscheibe sich vor dem Strahler dreht, ändern sich die reflektierten Farben langsam. Ein Farbwechselstrahler kostet um die 50 €.

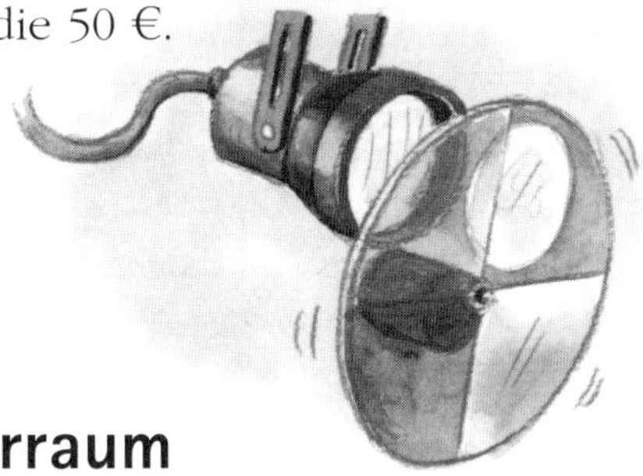

6. Vorraum

Bei der Planung des Raumes empfiehlt es sich, im Eingangsbereich einen Vorraum einzuplanen. Da die Liegelandschaft ohne Schuhe betreten wird, ist ein kleines Schuhregal im Vorraum sinnvoll. Hinter einem Raumteiler können an einer Garderobe Jacken, Schulranzen und Ähnliches aufbewahrt werden. Den Boden im Vorraum mit einem unempfindlichen aber farblich unaufdringlichen Teppich auslegen.

7. Schrank für Snoezelenmaterialien

In einem vorzugsweise weißen Schrank im vorderen Raumbereich können alle Zusatzmaterialen zum Snoezelen sicher aufbewahrt werden. Hier ist auch Platz für eine Musikanlage. In größeren Einrichtungen, die viele verschiedene Nutzer haben, bietet es sich an, die Dinge verschließbar aufzubewahren und die Verantwortlichkeiten über den Schlüssel zu regeln.

8. Musikanlage

Die Entscheidung, ob eine Musikanlage mit Boxen zum Snoezelen angeschafft wird oder ob ein kleines Abspielgerät mit integrierten Lautsprechern genügt, hängt von der Nutzung der Räumlichkeiten ab. Wird ein Snoezelen-Raum nur bei Bedarf improvisiert, reicht ein kleines Abspielgerät aus. Wird der Raum dauerhaft eingerichtet, lohnt sich eine fest eingebaute Musikanlage. Die Lautsprecherboxen können dann die auditive Wahrnehmung über Resonanzkörper vertiefen. Die Erfahrung hat gezeigt, dass es sinnvoll ist, die vorhandenen Tonträger (MCs und CDs) mit Ausleihliste bei einem Verantwortlichen zu lassen.
(Zum Einsatz von Musik s. S. 31)

9. Sicherungskasten

Es ist sinnvoll, die verschiedenen Beleuchtungsquellen und die Musikanlage über eine zentrale Stelle im Eingangsbereich zu regeln. Ein Sicherungskasten mit Symbolen, welches Leuchtmittel mit welchem Schalter einschaltbar ist, verhindert, dass die Snoezelen-Begleitung über die Leute steigen muss, um an Blubbersäulen etc. zu gelangen.

Hinweise:

- Zum sicheren, verdeckten Verlegen von elektrischen Leitungen einen Elektriker hinzuziehen. Er kann die Beleuchtungsanlage im Sicherungskasten optimal absichern. Dies ist in öffentlichen Räumen unter Sicherheitsaspekten unbedingt notwendig!
- Keine Textilien in die Nähe von Beleuchtung bringen!

Weitere mögliche Elemente

Für die bequeme Lage

Wandmatten

Damit der Snoezelen-Raum wirklich ohne Ecken und Kanten erlebt werden kann, empfiehlt es sich 1 m hohe Wandmatten im Liegebereich anzubringen.

Material: (bezieht sich auf 4 x 4 m Liegelandschaft) Winkelschienen (12 m für die Wand, 12 m für die Wandplatten), 4 Spanplatten (4 m x 1 m), 4 Schaumstoffplatten (4 m x 1 m, 3 cm stark), 4 Stücke weißes Kunstleder (4,40 m x 1,40 m, wegen Saumzugabe), Schrauben, Bohrer, Dübel, Bohrmaschine, Tacker, Schere

Die Spanplatten mit Schaumstoff und Kunstleder beziehen (s. *Ständer für Blubbersäulen*, S. 13).
An den Wänden um die Liegelandschaft (s. S. 12) in einer Höhe von 80 cm eine Winkelleiste anbringen.
Die Spanplatten in gleicher Höhe ebenfalls mit einer Winkelleiste versehen.
Die Wandmatten können so an die Wand gehängt werden, sind aber auch im Bedarfsfall schnell abmontierbar.

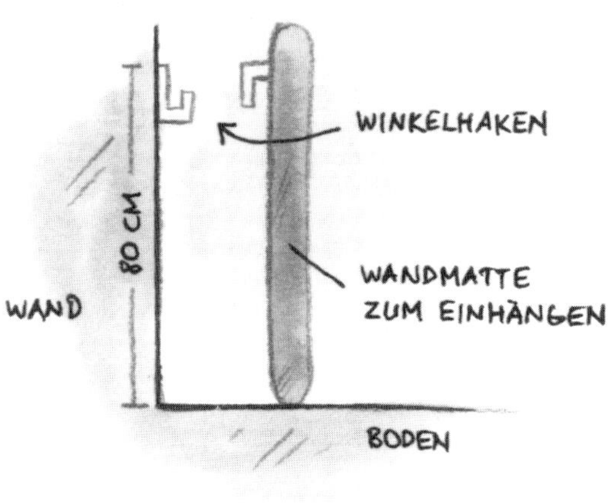

Wasserbett

Die Entspannung ist auf einem Wasserbett besonders intensiv, weil der Körper durch die eigene Bewegung sanft gewiegt wird. Dieses Wiegen knüpft an die vorgeburtliche Erfahrung im Mutterleib an.
Im Snoezelen-Bereich gibt es auch so genannte Pränatalräume, zu deren Grundausstattung zum einen das Wasserbett gehört, zum anderen ist dieser Raum mithilfe eines Stoffhimmels in zartes Rosa getaucht, ähnlich der vermuteten Bedingungen im Mutterleib.
Ein Wasserbett ist im günstigsten Fall für ca. 1000 € zu haben.
Soll ein solches Wasserbett in die Liegelandschaft integriert werden, empfiehlt es sich, die gesamte Liegelandschaft auf ein Podest (S. 17) zu verlagern, damit das Wasserbett nicht zu sehr in die Höhe ragt.

Hinweise:

- Das Wasserbett muss unbedingt beheizbar sein. Sonst kühlen die NutzerInnen beim Entspannen auf kaltem Wasser zu sehr aus und verkrampfen sich.
- Bei der Anschaffung von Wasserbetten darauf achten, dass das Bett keine Sondergröße hat. Bei einem Maß von 2 x 1,50 m können handelsübliche Spannlaken als Schutz aufgezogen werden, die wie die Kissenbezüge einfach von Zeit zu Zeit in der Waschmaschine gewaschen werden können (Bezugsquellen im Anhang).

Musikwasserbett

Bei einem Musikwasserbett sind in das Wasserbett zusätzlich Lautsprecherboxen eingebaut. Die Schallwellen der Musik werden dabei in Schwingungen des Wassers übersetzt, man spricht in diesem Zusammenhang von akustovibratorischer Wahrnehmung. Töne werden hierdurch fühlbar gemacht. Diese Wahrnehmungsform erfährt das noch Ungeborene ebenfalls im Mutterleib. (vgl. hierzu auch S. 69)

Es gibt Nachrüstsätze für die Ausstattung von Wasserbetten zu Musikwasserbetten, diese liegen bei ca. 2000 €. Bereits fertig installierte Musikwasserbetten kosten entsprechend ca. 3000 €.

Podest für Liegelandschaft mit Wasserbett

Material: Europaletten (Höhe 12 cm, Maße 125 x 80 cm, im Baustoffhandel ca. 9 €) oder alte Weinkisten aus Holz (Höhe 25 cm Maße 48 x 63 cm) oder Rahmen aus starken Kanthölzern (Länge 40 cm, Stärke 10 x 10 cm, Baumarkt) und Dachlatten, Spanplatten (entsprechend der Raummaße der Liegelandschaft), Schrauben, Bohrmaschine mit Schraubaufsatz, evtl. gepolsterte Seitenteile

Je nach gewünschter Höhe des Podestes wird der Unterbau mit Paletten, Weinkisten oder Kanthölzern gewählt. Die Höhe des Podestes ist auch abhängig von der Höhe der Matten oder Matratzen. Soll ein Wasserbett ohne Soundsystem eingebaut werden, beträgt die Mindesthöhe 42 cm. Wird ein Wasserbett mit Soundsystem eingebaut, beträgt die Mindesthöhe 50 cm.

Auf diesen Unterbau die Spanplatten schrauben. Die Anordnung der Füße muss so erfolgen, dass an den Stößen der Spanplatten immer ein „Fuß“ als Unterlage dient, damit die Spanplatten sicher aufliegen.

Nicht von Wänden begrenzte Seiten des Podestes müssen vorne ebenfalls verkleidet werden. (Anleitung dazu s. S. 13, *Ständer für Blubbersäulen*)

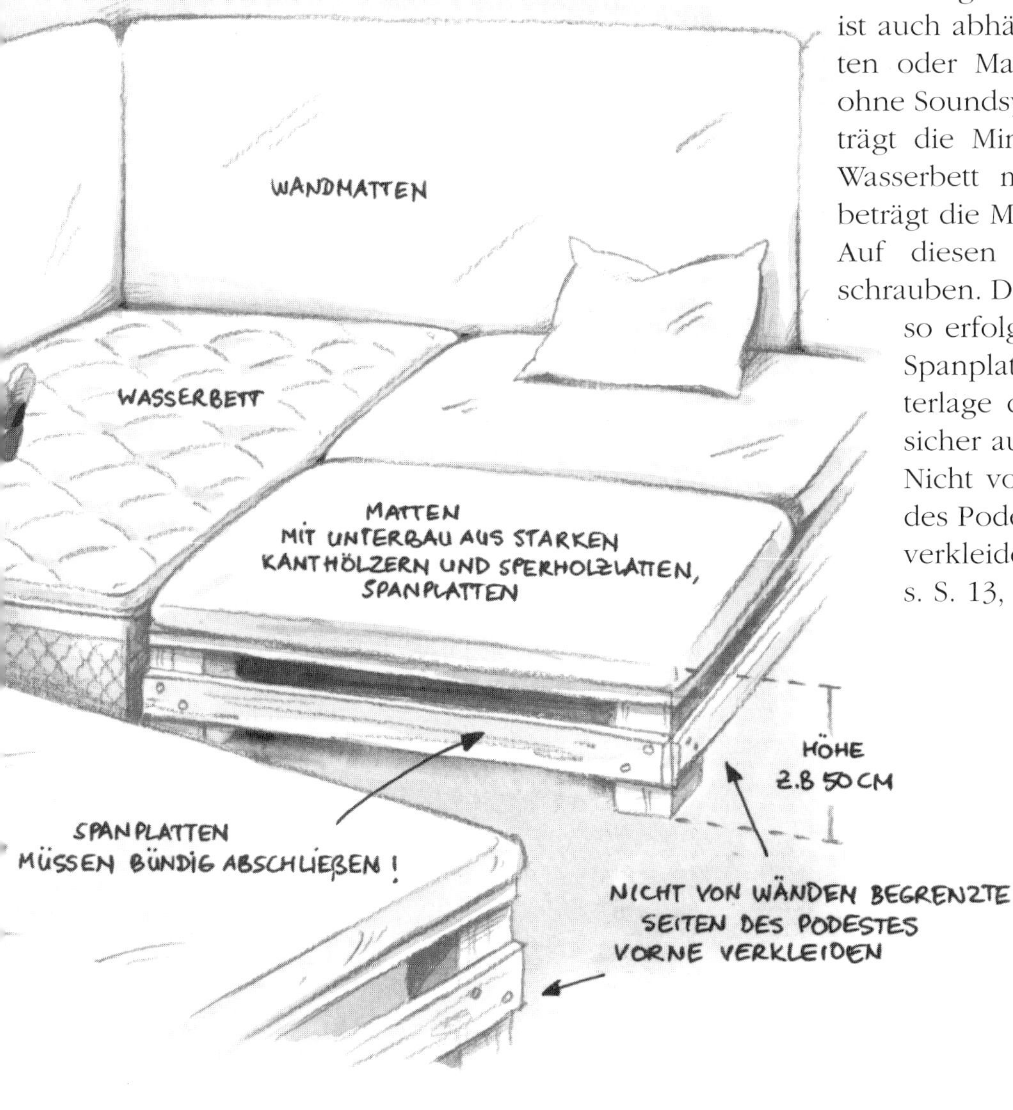

Luftbett

Wem die Anschaffung eines Wasserbettes zu teuer ist, kann als günstigere Variante ein Luftbett wählen. Diese werden seit einiger Zeit im Handel für ca. 50 € angeboten.
Die Luftbetten haben ein Maß von ca. 150 x 200 cm und eine Höhe von ca. 15 cm. Das Luftbett wird ähnlich wie eine Luftmatratze mit einer Luftpumpe aufgeblasen. Weil das Luftbett im Gegensatz zur klassischen Luftmatratze nur eine Luftkammer hat, gibt es, wie das Wasserbett, bei leichten Bewegungen des Körpers nach.
Das Luftbett kann zwischen die Bodenmatten gelegt werden, ein Podest ist nicht notwendig.

Bällchenbad

Neben dem passiven Genießen werden in manchen Snoezelen-Räumen auch Spielelemente angeboten, die zum aktiven Tun anregen. Hierzu gehört das Bällchenbad, ein meist aus Schaumstoffteilen bestehender Rahmen, gefüllt mit lauter bunten Plastikbällchen.
Es eignet sich für die somatische Wahrnehmung. Durch die kleinen Bällchen werden die Kinder in hohem Maße zur Eigenaktivität angeregt – was bei einer Entspannungsstunde aber auch störend wirken kann. Das Bällchenbad sollte daher nur bei Bedarf zugänglich sein und kann leicht mit einer entsprechend großen, weich gepolsterten Abdeckplatte (Anleitung siehe *Wandmatten*, S. 16) in eine Liegelandschaft umgewandelt werden. Das Bällchenbad wird im Therapieversand angeboten.

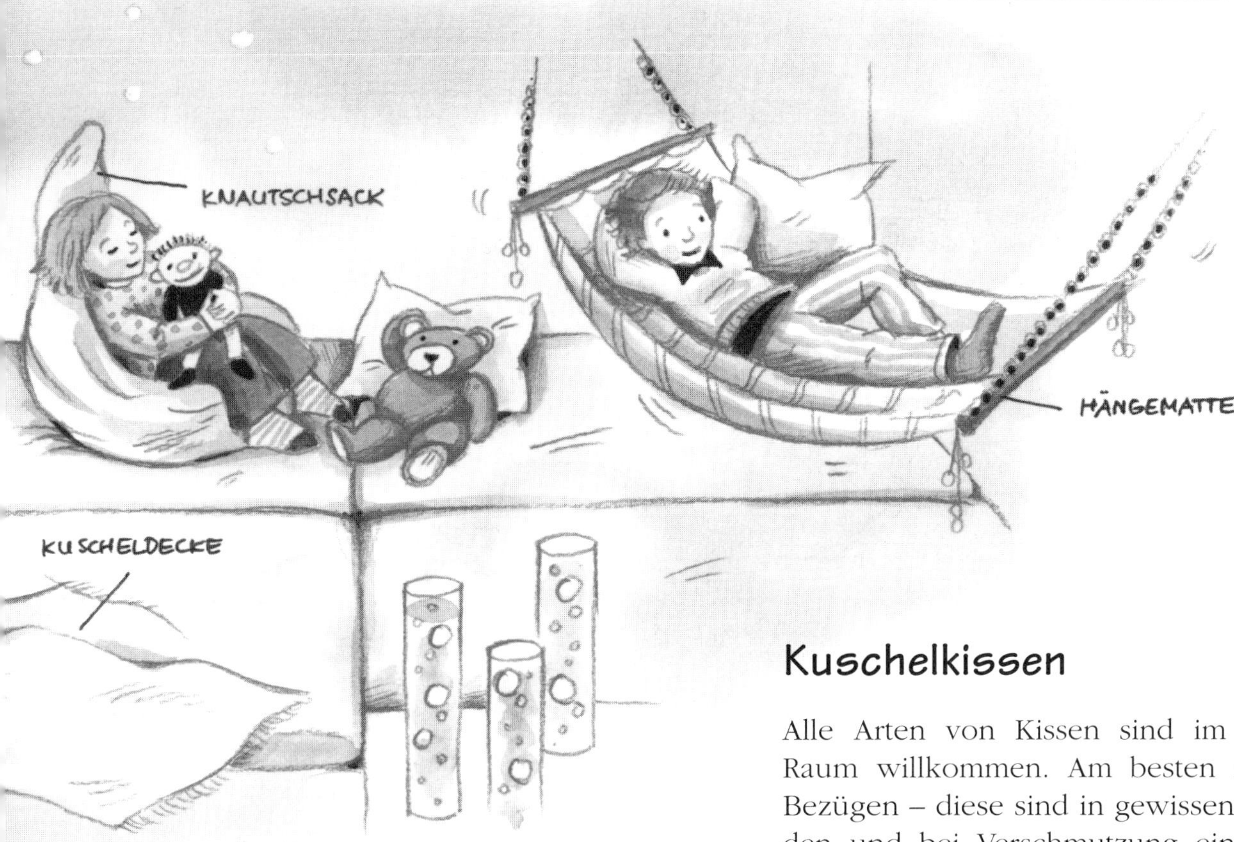

Knautschsäcke

Knautschsäcke sind zum entspannten Sitzen gut geeignet, weil sie sich an die jeweilige Körperhaltung des Einzelnen anpassen. Sie sind meist mit Polystyrol-Bohnen gefüllt. Diese werden im Bastelgeschäft nur in kleinen Mengen angeboten. Von daher ist es zu kostspielig, die Knautschsäcke selbst zu nähen und mit dem Material zu befüllen.
Fertige Säcke werden im Handel für ca. 100 € angeboten.

Hinweis: Es ist auch möglich, die Knautschsäcke mit Getreidespelzen zu befüllen. Ein großer Sack Dinkelspelz kostet gereinigt ab Mühle ca. 30 €, ein Sack Hirsespelz ca. 45 €. Dinkelspelz ist zwar günstiger, aber im Vergleich zu Hirsespelz knistert Dinkel beim Sitzen. Die Getreidespelzen in einen Leinensack füllen und vernähen. Dann erst in den eigentlichen Bezug stecken.

Kuschelkissen

Alle Arten von Kissen sind im Snoezelen-Raum willkommen. Am besten mit weißen Bezügen – diese sind in gewissen Zeitabständen und bei Verschmutzung einfach in die Waschmaschine zu geben. Jedes Kind kann sein eigenes Kuschelkissen von zu Hause mitbringen.

Kuscheldecken

Um die Entspannungswirkung des Snoezelen-Raumes zu intensivieren, eignen sich einfache weiße Wolldecken aus Mischfaser. Diese sind für ca. 20 € zu haben und bei 30° waschbar.

Hängematte

Für die vestibuläre Wahrnehmung (vgl. S. 56) eignet sich eine Hängematte besonders gut. Diese muss mit verdübelten Wandhaken von Fachleuten sicher aufgehängt werden. Damit sich niemand verletzen kann, sollte die Hängematte nur ca. 40 cm über dem Boden angebracht sein. Zusätzlich unter die Hängematte eine Bodenmatte legen.

Beleuchtungsmöglichkeiten

Schwarzlichtlampe

Eine UV-Leuchte lässt fluoreszierende Farben hell erleuchten. Sie ist sinnvoll für den Einsatz im Snoezelen-Raum, weil damit sehr kreativ gearbeitet werden kann.
Durch den Einsatz verschiedener fluoreszierender Materialien ergibt sich eine Fülle optischer Wunder (vgl. S. 85).
Die Leuchte kann fest an der Wand montiert werden, wird aber auch mit Netzstecker zur mobilen Benutzung angeboten. Sie kostet in der Anschaffung ca. 100 €.

Hinweis: Bei der Anschaffung einer UV-Leuchte darauf achten, dass sie eine niedrige UV-Strahlung hat, damit die Augen durch die Strahlung nicht gereizt werden.

Lichternetz

Lichternetze sind wie vernetzte Lichterketten, die unter die Decke gespannt einen Sternenhimmel ergeben. Ein Lichternetz in der Größe von 2,5 x 1,5 m kostet ca. 120 €.

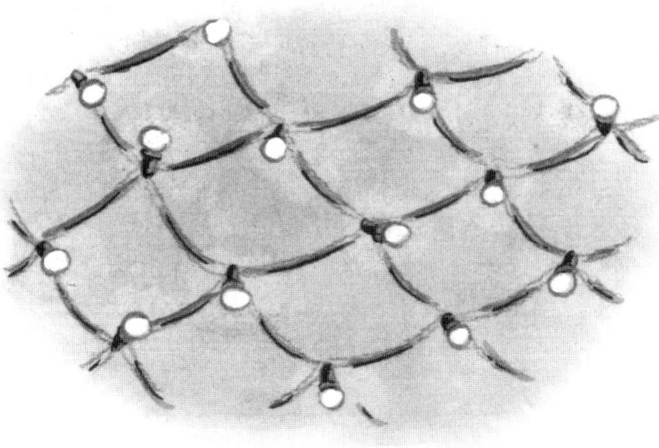

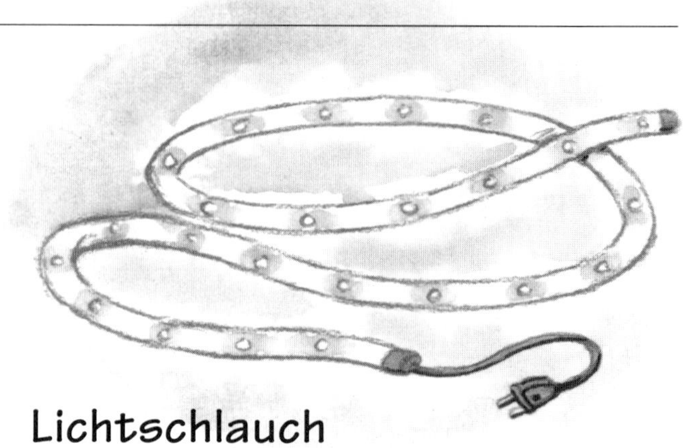

Lichtschlauch

Eine Kette kleiner Lichter ist hier in einen durchsichtigen Schlauch integriert. Durch seine flexible Beschaffenheit kann der Lichtschlauch in jede gewünschte Form gebogen werden. Er kann frei im Raum liegen und ist für Kinderhände ungefährlich. Es gibt den Lichtschlauch in den Farben Rot, Gelb, Grün, Blau und Klar. Er ist in jedem gewünschten Maß erhältlich, muss dann aber unter Berücksichtigung unterschiedlicher Voltzahlen gekürzt werden. Gleich einsatzbereit ist ein Schlauch von 6 m Länge mit Anschlusskabel. Der Anschaffungspreis liegt bei ca. 40 €.

Ufolampe

Die Ufolampe hat einen Lampenfuß, in dem ein Bündel von Faseroptikstäbchen steckt. Die Stäbchen leiten wechselnde Farben im Lampenfuß weiter und geben dem Raum ein reizvolles Licht. Die Anschaffung einer einfachen Ufo-Lampe kostet ca. 25 €. Große Faseroptikgeräte, die im Therapiebereich Verwendung finden, liegen in der Anschaffung bei ca. 500 €.

Lichterketten

Mit einfachen Lichterketten, die wir meist bei der Weihnachtsdekoration verwenden, entsteht schon eine wohlige Atmosphäre im Snoezelen-Raum. Lichterketten sind überall im Handel günstig zu erhalten.

Tunnelspiegel

Ein Tunnelspiegel ist zur Grundausstattung eines SnoezelenRaumes zwar nicht notwendig, übt aber auf Kinder eine zauberhafte Wirkung aus – und kann bestimmt auch als „Zauberspiegel“ im Rollenspiel gute Dienste leisten.
Es ist ein Spiegel, in den hinter einer Glasscheibe kleine Lämpchen im Kreis oder Quadrat angeordnet sind. Sind die Lämpchen eingeschaltet, entsteht durch den dahinterliegenden Spiegel der Eindruck, als würden sich die Lichter unendlich wiederholen. Der Betrachter sieht einen Lichtertunnel. Diese Tunnelspiegel sind für ca. 60 € zu haben.

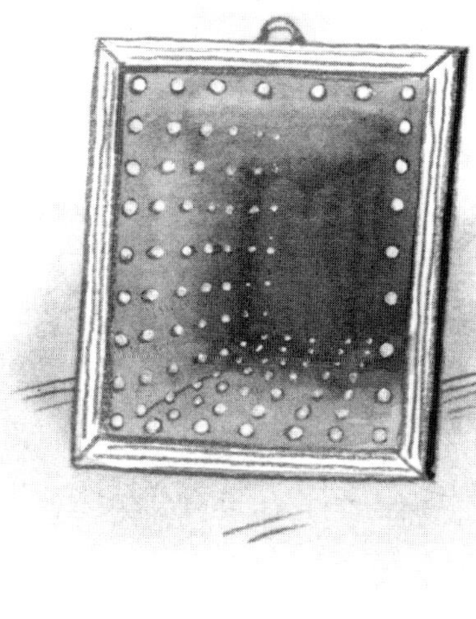

Diaprojektor

Findet sich zu Hause oder im Bekanntenkreis ein alter Diaprojektor, so leistet er gute Dienste im Snoezelen-Raum.
Naturbilder können auf die Wand projiziert werden. Statische Wandprojektionen sind bei Kindern sinnvoller als Effekträder (s. Anmerkung unten), um eine Reizüberflutung zu vermeiden. Weitere kreative Möglichkeiten bieten mit Glasmalfarbe bemalte Diagläser (s. S. 79, *Farbenspiel selbst gemacht*).

Anmerkung:
Die Anschaffungskosten für die verschiedenen Beleuchtungselemente sind kaum zu umgehen. Aber alle weiteren Snoezelen-Materialien sind größtenteils selbst herzustellen, das senkt die Kosten und fördert die Eigenbeteiligung der Kinder und Jugendlichen. Auch lässt sich auf diese Weise das Material der jeweiligen Situation am besten anpassen. (vgl. hierzu S. 54 ff.)
Im Therapieversandhandel gibt es außer den beschriebenen Leuchten auch Projektoren mit Effekträdern. Diese Effekträder drehen sich langsam und können so beispielsweise einen Sonnenaufgang oder Wolkenflug als Wandprojektion simulieren. Es gibt auch Effekträder mit verschiedenfarbiger Flüssigkeit. Durch Drehung fließen die Farben als Bläschen ineinander und der Betrachter hat die Möglichkeit frei zu assoziieren. Ein Projektor mit Motor und Effekträdern liegt bei 1000 €. Für den Kindergarten- und Grundschulbereich möchte ich diese perfekte Effektmaschine nicht empfehlen. Kinder sollen besser erst mal ihre eigenen inneren Bilder entwickeln.
Es gibt kostengünstigere Alternativen, bei denen sich visuelle Effekte mit „Handarbeit“ gestalten lassen. (s. S. 77 ff.)

Raumgestaltung konkret

Eigenerleben

Wer damit liebäugelt einen Snoezelen-Raum einzurichten, macht sich am besten auf, in der näheren Umgebung einen bestehenden Snoezelen-Raum ausfindig zu machen, um selbst erst mal die Wirkung eines solchen Raumes zu erfahren. Snoezelen-Räume finden sich häufig in Einrichtungen der Behindertenhilfe. Unter dem Aspekt der stärkeren Orientierung nach außen werden diese Einrichtungen in aller Regel gerne ihren Snoezelen-Raum zeigen (siehe auch Anhang).

Gemeinsame Planung

Ist die Entscheidung für die Einrichtung eines Snoezelen-Raumes gefallen, beteiligt sich das gesamte Team an der Planung. Denn wird die Umsetzung gemeinsam getragen und finden alle ihre Bedürfnisse berücksichtigt, wird später der Raum besser angenommen.
Zunächst ist es sinnvoll, ein Konzept auszuarbeiten, das von folgenden Fragen geleitet sein kann:

- Was wollen wir mit einem Snoezelen-Raum erreichen, welche Ziele sollen damit verknüpft werden?
- Welche Bedürfnisse, Besonderheiten sehen wir bei unserer Zielgruppe, wie können wir diesen Bedürfnissen gerecht werden?
- Inwieweit können wir die späteren NutzerInnen in die Planung miteinbeziehen?

Auch hier gilt der Grundsatz: Sind die NutzerInnen frühzeitig in die Planung miteinbezogen, ist die Akzeptanz des Raumes höher. Im Vorschulbereich können die Eltern miteinbezogen werden – sie verfügen häufig über handwerkliche Fertigkeiten (Elektroarbeiten, Schreinerarbeiten, Näharbeiten...), vielleicht auch über fachspezifische Kompetenzen. Im Schulbereich kann die SV und der Elternbeirat miteinbezogen werden. Eine projektorientierte Beteiligung der musischen Fächer ist auch gut vorstellbar (KunstlehrerInnen, MusiklehrerInnen...)

Sind alle diese Fragen geklärt, entscheiden wiederum alle gemeinsam, welche Einrichtung in einem ersten Schritt für die Grundausstattung gebraucht wird (vgl. S. 12 ff., *Elemente des Snoezelen-Raumes*).
Wichtig ist, den Raum nicht mit zu vielen Sinnesmaterialien zu überladen. Bereits jetzt schon sollte ein Ort einbezogen werden, wo die Dinge aufbewahrt werden können, die nur bei Bedarf im Snoezelen-Raum eingesetzt werden sollen.
Bei der Planung ist auch die zukünftige Organisation zu berücksichtigen. Gibt es keine klaren Zuständigkeiten, verwaisen die Snoezelen-Räume und die Materialien gehen nach einer Weile verloren oder kaputt.
Geklärt werden sollte von daher frühzeitig:

- Wer putzt den Raum?
- Wer ist für den Nutzungsplan verantwortlich?
- Wer ist für die Wartung der technischen Geräte verantwortlich?

Der Raum kann auch von anderen Gruppen außerhalb der eigenen Einrichtung – eventuell in den Abendstunden – genutzt werden. Hier können sich Entspannungsgruppen treffen, die Elternschaft kann den Raum nutzen etc. Solche Gruppen können zur Refinanzierung des Raumes beitragen.
Wird ein offenes Konzept gewünscht, muss klar sein, wer die Besuchergruppen führt bzw. wer neue NutzerInnen in die Besonderheiten des Raumes einweiht.

Raumauswahl

Obwohl im Grunde jeder Raum zum Snoezelen umgestaltet werden kann, sollten einige Grundregeln bedacht werden:

- Der Raum soll zu lüften sein.
- Er sollte nicht in nächster Nähe zu dauernden Lärmquellen liegen (Autolärm, Küchenlärm, angrenzende Werkstätten etc.).
- Der Raum soll den allgemeinen Sicherheitsrichtlinien genügen (Brandschutzbestimmungen, Fluchtwege).
- Da elektrische Geräte (Musikanlage, Beleuchtungsmittel) zur Raumausstattung gehören, muss ein Elektriker die Stromkabel sicher verlegen. Wie bei einem Hausbau muss die Verlegung der elektrischen Leitungen bedacht werden, bevor es an das Verkleiden der Wände geht!

KELLERGEWÖLBE MIT STERNENHIMMEL

Anpassung an räumliche Gegebenheiten

Die Wände des Snoezelen-Raumes in weißer Dispersionsfarbe streichen. Der Raum wird dadurch einzigartig und gewinnt an besonderer Ausstrahlung, wenn seine architektonischen Besonderheiten gestalterisch genutzt werden. (Weitere Wandgestaltungsmöglichkeiten finden sich unter *Visuelle Wahrnehmung*, S. 76 ff.)

Beispiele:

- Oft finden Snoezelen-Räume in stillgelegten Heizungsräumen Platz. Ein eventuell vorhandenes Kellergewölbe lässt sich gestalterisch nutzen: Nachleuchtende Sternchen aus Plexiglas vermitteln im völlig abgedunkelten Raum oder beim Einsatz von Schwarzlicht den Eindruck eines gewölbten Himmelszeltes.
- Eventuell vorhandene Fensterrahmen und Fensterbänke lassen sich wie eine Ausstellungsvitrine nutzen:
  Die Fensterscheiben mit Ackerfolie abdunkeln, eine Schwarzlichtröhre mit Blende auf die Fensterbank legen und vom oberen Fensterrahmen verschiedene leuchtende Objekte hängen lassen. So kann z. B. ein Fenster zum Aquarium mit Leuchtfischen aus Plexiglas umgestaltet werden (s. S. 87, *Leuchtaquarium*).

Grundsätzlich kann jeder Raum mit einfachen Mitteln zum Snoezelen-Raum umgestaltet werden. Die Raumgestaltung richtet sich immer nach den vorhandenen räumlichen Gegebenheiten, verlangt individuelle Lösungen und setzt der Fantasie kaum Grenzen.

Im Kindergarten

Die Kindergärten verfügen in der Regel über einen Gymnastik- oder Rhythmikraum. Dieser Raum ist mit wenigen Veränderungen auch als Snoezelen-Raum zu nutzen:

- Den Raum weiß streichen.
- Vorhandene Bodenmatten mit weißem Kunstleder selbst überziehen.
- Einrichtungsgegenstände wie Kletterwände oder Gymnastik- und Rhythmikmaterial durch ein Vorhangschienensystem und weiße Vorhänge „verschwinden" lassen.

Damit der Raum weiterhin in seiner ursprünglichen Funktion genutzt werden kann, wird das Snoezelen-Material mobil gehalten.

- So gibt es beispielsweise Tischleuchten mit Netzanschluss, auf deren Fuß eine halbe Spiegelkugel montiert ist, ein Farbwechselstrahler ist in den oberen Teil der Lampe integriert.
- Blubbersäulen lassen sich „mobilisieren", indem sie auf einen rollbaren Blumenständer geschraubt werden.

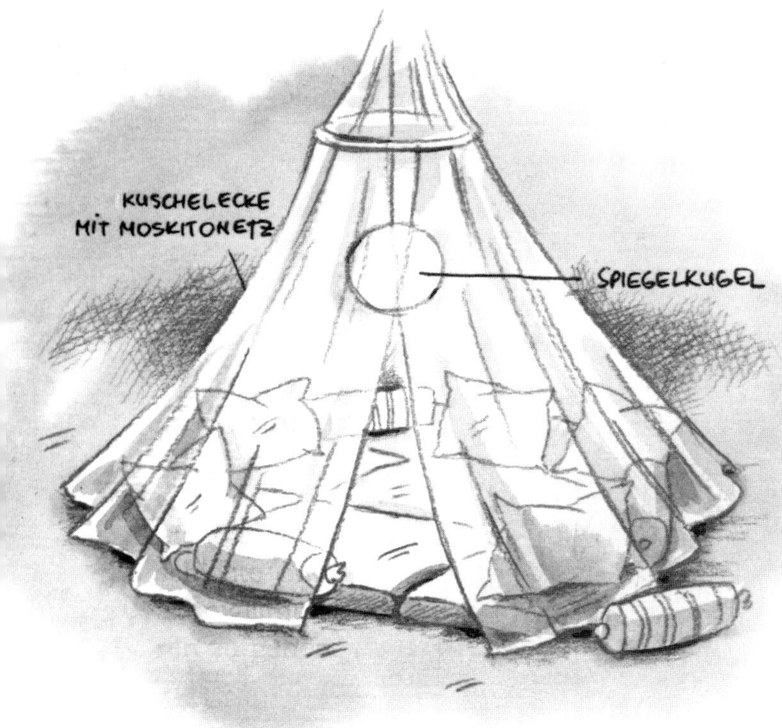

Steht kein spezieller Gymnastikraum zur Verfügung, kann ein ehemaliger Abstellraum, ein Kellerraum oder ein sonst noch ungenutzter kleinerer Raum für das Snoezelen umgestaltet werden.
Findet sich kein Extraraum, lässt sich die Kuschelecke des Gruppenraumes zum Snoezelen neu gestalten.

Verwandlung der Kuschelecke

...mit einem Moskitonetz

Material: Gymnastikreifen, weißer Nesselstoff (Meterzahl abhängig von Raumhöhe s. u.), Schere, weißer Nähfaden, Nähmaschine, Bohrmaschine, Kippdübel, Metallring, Seile

Der Gymnastikreifen dient als Halterung des selbst gemachten Moskitonetzes. Die Länge der Stoffbahnen ist abhängig von der Raumhöhe und der zu überspannenden Breite des Raumes. Bei einer Deckenhöhe von 3 m pro Bahn 5 m Länge berechnen. Liegt der Stoff 80 cm breit, maximal 5 Stoffbahnen aneinander nähen, da sonst die Last für den Gymnastikreifen zu groß wird. Die Stoffbahnen an der oberen Kante im Abstand von 20 cm mit Bindeschlaufen versehen und diese so an den Gymnastikreifen binden, dass sie zwar fest sitzen, sich aber noch bewegen lassen.

An der Decke einen stabilen Kippdübel mit Haken anbringen. Zwei stabile Seile durch einen Metallring bis zur Mitte fädeln, am Ring verknoten und die so entstehenden vier Enden im Kreuz an den Gymnastikreifen binden. Den Metallring in den Deckenhaken hängen. Am Deckenhaken kann dann auch eine Spiegelkugel befestigt werden. Sie sitzt 1 m tiefer als der Gymnastikring, damit sie angestrahlt werden kann.

...mit einem weißen Partyzelt

Einfacher erreichen wir den Höhlencharakter, wenn wir ein einfaches Partyzelt in den Maßen 3 x 3 m in der Kuschelecke aufstellen können. Drei Zeltwände werden an den Seitenwänden des Gestänges aufgehängt, nach vorne bleibt das Zelt offen.
Eine Spiegelkugel kann in der Kuppelmitte des Zeltes angebracht werden.

In der Kindertagesstätte

In der Kindertagesstätte bietet es sich an, den Ruheraum mit Snoezelen-Elementen zu verändern und so zum Traumzimmer zu gestalten.
Zuerst gilt auch hier, möglichst auf eine reizarme Raum- und Wandgestaltung zu achten. Zu überlegen ist, ob statt der üblichen Einzelbetten eine gemeinsame Liegelandschaft eingerichtet werden kann. Fest installierte Blubbersäulen, eine Spiegelkugel und ein Farbwechselstrahler stören in diesem Raum nicht. Eine Musikanlage lässt sich leicht einbauen.

In der Schule

An Räumlichkeit bietet sich ein Turn- oder Gymnastikraum an (s. oben). Auch ein Musikzimmer kann entsprechend gestaltet sein.
Um ein Klassenzimmer zum Snoezelen zu verändern, sollten Tische und Stühle zusammenklappbar bzw. stapelbar sein, damit sie im Bedarfsfall leicht zur Seite zu räumen sind.

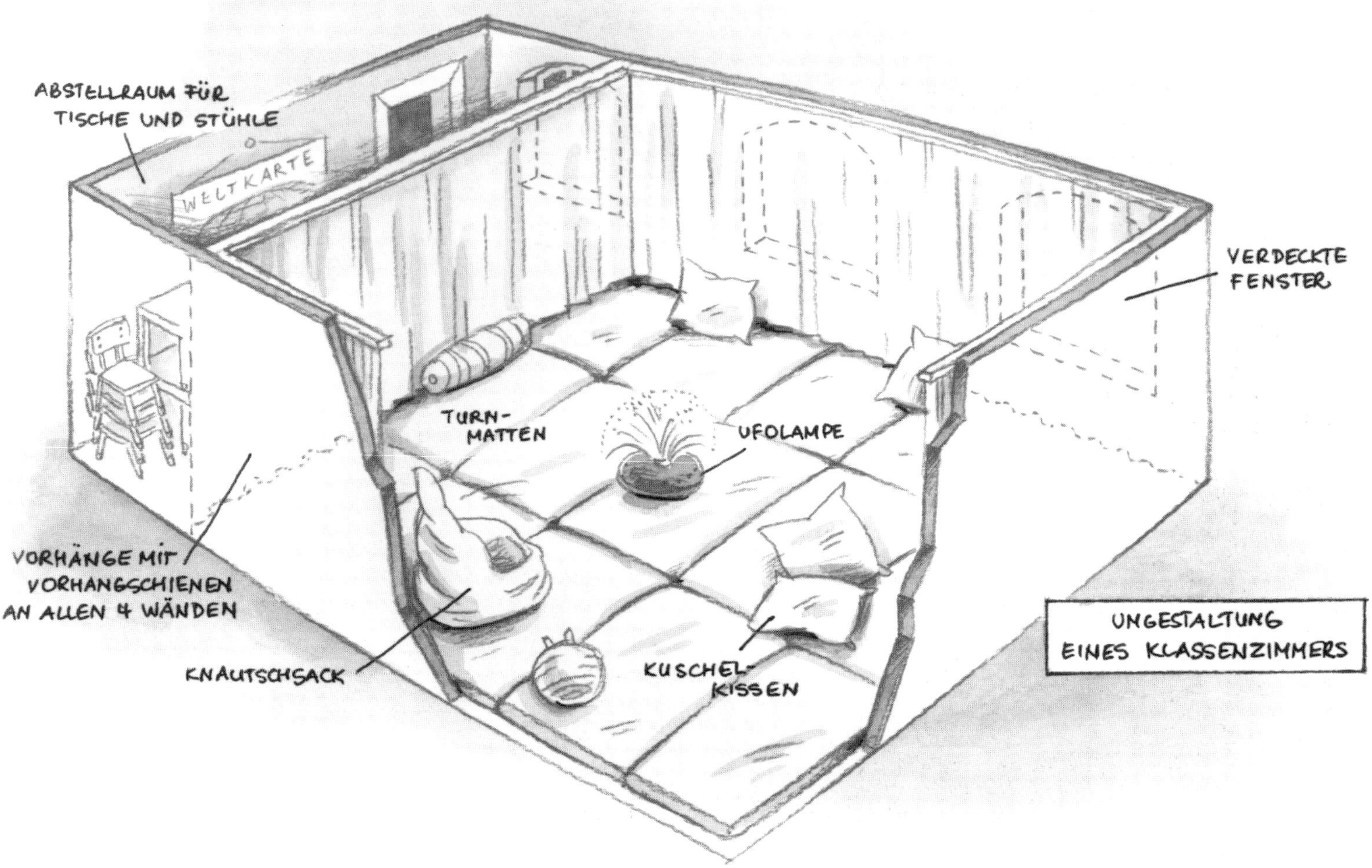

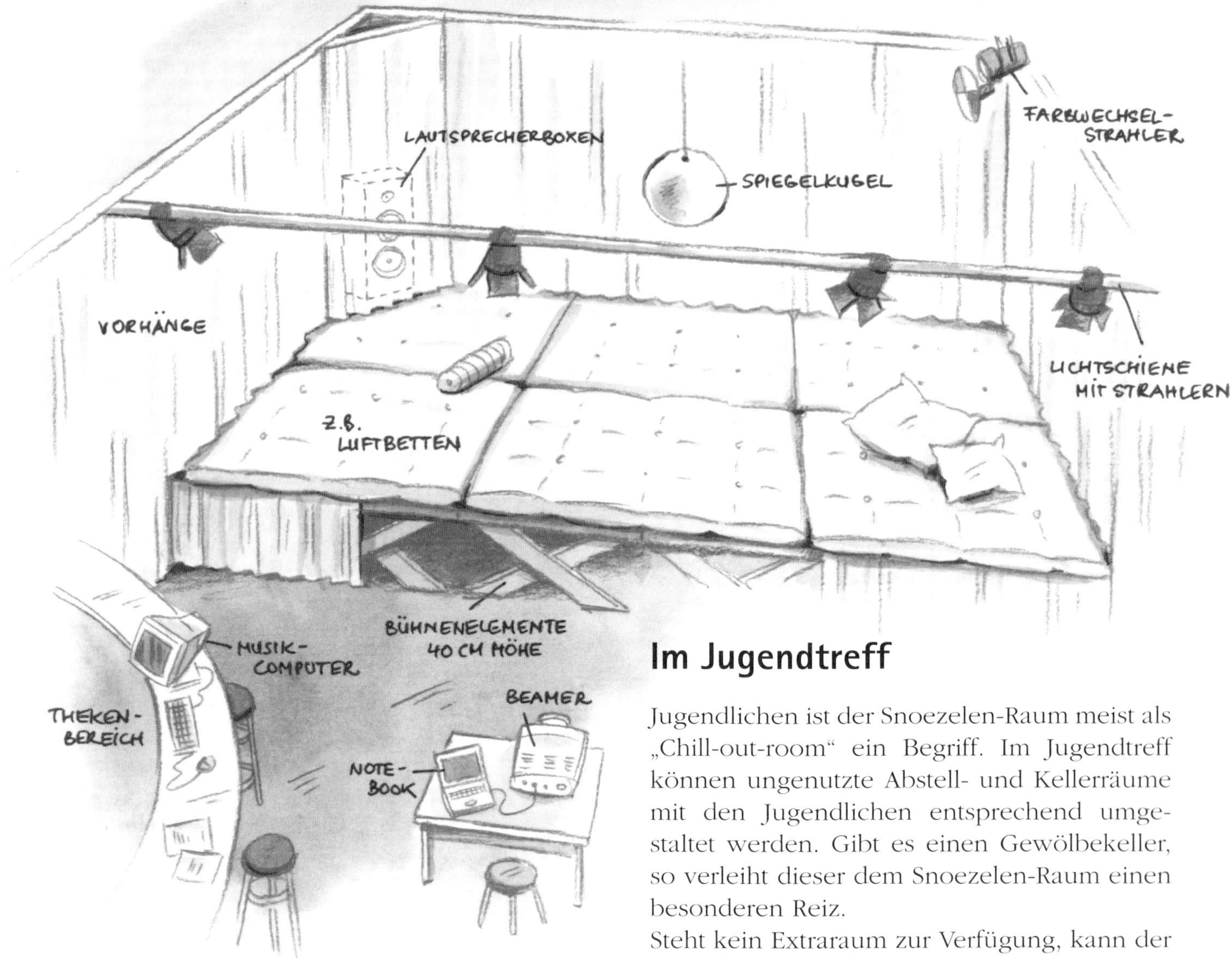

Mit einem Vorhangschienen-System an allen vier Wänden des Klassenzimmers und entsprechenden weißen, bodenlangen Vorhängen, werden die Schultafel und die diversen Bilder oder Schülerarbeiten für die Zeit des Snoezelens unsichtbar. Ist das Klassenzimmer auf diese Weise von seiner Alltagsfunktion befreit, Turnmatten im Raum ausbreiten, mit einer besonderen Lampe den Raum verzaubern. Mittels eines Kassettenrekorders entspannte Musik einspielen und schon kann sogar im Klassenzimmer gesnoezelt werden.

Auch Pausenräume, ein ungenutzter Kellerraum oder Ähnliches, bieten sich an zum Snoezelen-Raum umfunktioniert zu werden. Einfach ist die Zuständigkeit zu regeln, wenn der Raum verschließbar ist und die SV den Schlüssel verwaltet.

Im Jugendtreff

Jugendlichen ist der Snoezelen-Raum meist als „Chill-out-room“ ein Begriff. Im Jugendtreff können ungenutzte Abstell- und Kellerräume mit den Jugendlichen entsprechend umgestaltet werden. Gibt es einen Gewölbekeller, so verleiht dieser dem Snoezelen-Raum einen besonderen Reiz.

Steht kein Extraraum zur Verfügung, kann der normale Veranstaltungsraum in einen Raum zum Snoezelen verwandelt werden. Um den besonderen Entspannungscharakter räumlich zu betonen, die eventuell vorhandene Bühne als Podest verwenden. Auf die Bühne werden je nach Möglichkeit alle Matratzenteile oder Bodenmatten zu einer Liegelandschaft zusammengetragen. Auch Luftmatratzen können hier Verwendung finden. Die ganze Polsterlandschaft mit weißen Tüchern oder Kunstlederbezug überziehen. Weiße Vorhänge mit entsprechendem Schienensystem verdecken die sonst übliche Wandgestaltung. In einem Haus der Jugend ist eine Spiegelkugel meist vorhanden. Auch eine Musikanlage gehört zum Inventar. Die Akzeptanz für einen solchen Raum steht und fällt mit der Eigenaktivität und Identifikation seiner NutzerInnen, dies gilt in besonderem Maße bei Jugendlichen.

Vorbereitung und methodische Anregungen

Wer ohne Vorbereitung mit einer Gruppe in den Snoezelen-Raum geht, kann unangenehme Überraschungen erleben:

- Ist der Raum zu kühl, entspannen die Leute nicht, sondern frösteln.
- Ist die Musikanlage nicht ausprobiert, funktioniert sie im entscheidenden Moment garantiert nicht.
- Wer darauf vertraut, dass schon irgendeine Entspannungsmusik im Raum sein wird, wird Pech haben oder die Musik, die eingespielt wird, ist den TeilnehmerInnen zu laut, zu hektisch oder eben gar nicht ihre Stilrichtung. Ganz schlimm wird es, wenn die eingelegte Kassette auch noch „eiert".
- Wurden sich über vorhandene Sinnesmaterialien im Raum keine Gedanken gemacht, werden die zufällig herumliegenden Materialien mit einem Stirnrunzeln beäugt und wieder hingelegt. Die Materialien haben keinen Aufforderungscharakter damit zu spielen – ganz so wie in einem unaufgeräumten Kinderzimmer.
- Wer sich vorher keine Gedanken gemacht hat, wann und wie die verschiedenen Leuchten abwechselnd zum Einsatz gebracht werden sollen, wird während der Stunde viel zu häufig und zu schnell die Lichter wechseln, wird selbst nicht entspannt sein und unter dem Druck stehen, den anderen mehr bieten zu müssen.
- Wer sich vorher keine Entspannungsgeschichte überlegt hat, wird in den seltensten Fällen spontan eine Geschichte erzählen können.

Grundsätze für eine erfolgreiche Begleitung:

- **„Weniger ist mehr!"** Das Snoezelen birgt die Gefahr in sich, dass durch die Faszination der verschiedenen Effektmöglichkeiten – das gilt besonders auch für die Lichteffekte – zu viele Sinnesreize auf einmal angeboten werden. Es kommt zur Reizüberflutung, die durch den Snoezelen-Raum gerade gemindert werden soll. Die Beschränkung bzw. gezielte Auswahl der Angebote ist deshalb zwingend.
- Der Snoezelen-Raum soll für jede Stunde immer wieder **neue Erlebnismöglichkeiten** bereithalten. Bleiben die Reize allein auf audiovisuelle Erfahrungen beschränkt, wird der Genuss schal und langweilig.
- Bei der **Planung und Gestaltung** sollen die TeilnehmerInnen mit einbezogen werden. Werden die Sinnesmaterialien mit den Kindern gemeinsam hergestellt, dann erleben sie, dass Umwelt für sie gestaltbar ist, sind stolz auf die eigene Leistung und Konsumverhalten wird gemindert.
- Soll Musik eingesetzt werden, ist auf eine gute **Musikauswahl** zu achten. Die Musik muss der Gruppenleitung vor der Stunde bekannt sein. Am besten eignet sich instrumentale Entspannungsmusik, die mit Naturgeräuschen unterlegt ist (vgl. S. 31). Die Musikanlage vor der Stunde ausprobieren, damit sie auch einwandfrei funktioniert

- Entspannung im Snoezelen-Raum ist dann wertvoll, wenn sie gut vorbereitet und geleitet ist (s. S. 29 ff.). Fehlen die **Begleitung** und die damit verbundenen Anregungen, bleiben die Erfahrungsmöglichkeiten eingeschränkt und die TeilnehmerInnen werden immer nur gleiche Effekte erleben.
- **Der Raum** muss vor einer Snoezelen-Stunde einerseits gut gelüftet, andererseits angenehm temperiert sein – sonst ist keine Entspannung möglich.
- **Die eigene Haltung** beim Begleiten der Snoezelen-Stunde ist entscheidend für die Entspannung der Kinder: Die Anforderung der Begleitung liegt darin, optimale Voraussetzungen zum Wohlfühlen zu schaffen. Dabei gilt: Im Snoezelen-Raum regieren nicht Lob und Tadel, um zu einer optimalen Leistung zu gelangen, hier wird nichts verlangt, um günstige Bedingungen für die Entspannung zu schaffen. Die Aufgabe der Begleitung liegt also darin, die TeilnehmerInnen zu ermuntern, nichts zu tun.
- **Die Teilnahme** ist immer freiwillig. Wer sich allerdings für das Mitmachen beim Snoezelen entscheidet, muss sich an bestimmte Regeln halten.
  Die wichtigste Regel lautet: Wir verhalten uns in den Ruhephasen wirklich ruhig, damit andere nicht gestört werden. Fällt einem Kind dies besonders schwer, ist es für die Gruppenleitung günstig, dieses Kind neben sich zu platzieren.
- **Rituale** stimmen auf das Snoezelen ein. Die Ruhe nach außen wird deutlich gekennzeichnet – ein „Bitte nicht stören"-Schild an der Tür vertreibt die Alltagserfordernisse. Ist kein anderer Betreuer anwesend, kann auch das Telefon während der Snoezelen-Stunde abgestellt werden. Das macht den Kindern deutlich, dass jetzt Zeit und Muße ist zum Entspannen, dass alle Dinge des Alltags für die nächste Zeit ohne Bedeutung sind. Zur Einstimmung der Kinder gehört der vorherige Gang zur Toilette ebenso wie das Ausziehen der Schuhe dazu. Haben dann alle ihr gemütliches Plätzchen gefunden, kann es losgehen.
- Die durchschnittliche **Aufenthaltsdauer** im Snoezelen-Raum beträgt bei den jüngeren Kindern ca. eine halbe Stunde, ältere können auch bis zu einer drei viertel Stunde im Snoezelen-Raum verweilen. Die Snoezelen-Stunde endet, wenn die TeilnehmerInnen ausgeruht erscheinen und beginnen häufig ihre Lage zu verändern.
- **Am Ende** jeder Einheit ist es wichtig, die TeilnehmerInnen zu „wecken" und wieder in den Alltag zurückzuführen (vgl. S. 39).
- **Die Gruppengröße** im Snoezelen-Raum richtet sich nach den individuellen Bedürfnissen des Einzelnen, der Harmonie der Gruppe untereinander und der Raumgröße. Zuerst einmal sollte jeder genügend Platz haben, um sich bequem hinlegen zu können. Die individuellen Bedürfnisse können ganz unterschiedlich sein: Menschen mit schweren Behinderungen lassen sich von anderen im Raum leicht einschränken und stören, hier ist es sinnvoll, mit diesem Menschen eine Stunde alleine zu gestalten. Ansonsten kann eine gemütliche Stunde im kleinen Kreis mit ca. 5 TeilnehmerInnen stattfinden, aber auch noch mit 10 – 15 TeilnehmerInnen kann gesnoezelt werden. Es gilt: Je älter und vertrauter die Kinder miteinander sind, umso mehr können gemeinsam entspannen.

Die Seele baumeln lassen – Entspannen im Snoezelen-Raum

Was ist Entspannung?

Von Entspannung sprechen wir, wenn sich der Pulsschlag von 70 bis 120 Schlägen pro Minute (bei Aufregung) auf 60 Schläge pro Minute verringert und über einen längeren Zeitraum in diesem Zustand gehalten wird. Sind wir entspannt, werden wir ruhiger, „wir schalten ab“, unsere Gedanken haben assoziativen Charakter, die Atmung verläuft gleichmäßiger und tiefer, die Gliedmaßen entspannen, wir sprechen von entspanntem Muskeltonus. Nach einer Phase der Entspannung haben wir ein wenig Abstand gewonnen zum Alltag: Wir haben zu unserer Mitte gefunden, haben Kraft getankt. Wir fühlen uns ausgeruht, frisch, die Gedanken fließen freier, wir können neue Sichtweisen gewinnen und Alltagsgeschehnisse neu betrachten.

Beim Snoezelen geschieht Entspannung über die Raumgestaltung und den Einsatz von Entspannungsmusik. Um die Entspannung darüber hinaus zu intensivieren, können wir nach einer gewissen Raumgewöhnung im Snoezelen-Raum während einer Snoezelen-Stunde verschiedene Entspannungstechniken zusätzlich anbieten. Wir können bei der Entspannung des Atems ansetzen, bei dem Entspannen unserer Gedanken und auch bei der Entspannung unserer Gliedmaßen. Durch unsere Vorstellungskraft, durch bestimmte Bilder, die wir uns ins Bewusstsein holen, kann unser Körper und unsere Psyche entspannen.

Entspannungsmethoden

Es gibt verschiedene Techniken, die unterschiedliche Wege zur ganzheitlichen Entspannung nutzen. Entspannungsübungen, die am Körper ansetzen, führen auch eine seelische Entspannung herbei, Entspannungstechniken die am Verstand ansetzen, bewirken auch eine körperliche Entspannung.

- Bei der **progressiven Muskelentspannung** nach Edmund Jacobsen wird Entspannung über das Wechselspiel von bewusstem Anspannen und Loslassen von Muskelgruppen herbeigeführt. Durch diesen Wechsel kommt es zu einer vermehrten Durchblutung und Erwärmung des Körpers, wodurch eine körperliche Entspannung eintritt. Sie bewirkt auch eine Entspannung unseres seelischen Befindens.

- Bei **gezielten Atemerfahrungen** beobachten wir bewusst das natürliche Ein- und Ausatmen. Wir konzentrieren uns auf unseren Körper, lassen den Atem kommen und gehen und nehmen so verstärkt den Körper wahr. Gleichzeitig tritt eine mentale und körperliche Entspannung ein. Den Atem können wir willentlich in alle Gliedmaßen schicken und erreichen dadurch eine höhere Sauerstoffzufuhr, eine verstärkte Durchblutung. Das Denken wird dabei auf die Atmung gerichtet. Der Geist entspannt sich ebenfalls.

- Beim **autogenen Training** handelt es sich um eine gedankliche Selbstbeeinflussung durch bestimmte Schwere-, Ruhe- und Atemübungen. Durch Formeln wie „Ich bin ganz ruhig", „Meine Gliedmaßen werden schwer und warm"... findet eine mentale wie auch körperliche Entspannung statt. Autogenes Training darf nur mit ausgebildeten LehrerInnen erfolgen. Einfache Ruheformeln können jedoch in Fantasiereisen auch von Laien eingearbeitet werden.

- Die **Meditation** führt weg vom äußeren Alltag auf den Weg zur eigenen inneren Mitte. In diesem Zustand erfahren wir tiefe Ruhe und absolute Entspannung. Ursprünglich hatte diese Selbstversenkung religiöse Ziele. Inzwischen wurde aus der Meditation eine Methodik entwickelt, tief zu entspannen.

- Die **Stilleübung** ist eine vereinfachte Form der Meditation, sie führt weg vom Alltag hin zur Wahrnehmung des eigenen Körpers, eines Klanges oder zum bewussten Wahrnehmen der Umwelt in einer Stillephase. Auf diese Weise tritt körperliche und mentale Entspannung ein.

- Bei **Fantasiereisen** werden die ZuhörerInnen in der Fantasie an Orte geführt, die mit Entspannung in Verbindung gebracht werden. Im gesprochenen Text sind möglichst viele Sinneseindrücke eingearbeitet (Sehen, Hören, Riechen, Schmecken, Fühlen), sodass bei den ZuhörerInnen möglichst lebendige innere Bilder entstehen können. Durch dieses innere Erleben werden im Gehirn Prozesse in Gang gesetzt, die realen Erlebnissen entsprechen. Wir fühlen uns zum Beispiel nach einer Fantasiereise ans Meer tatsächlich erholter.

Die Wahl der Methode zum Entspannen richtet sich nach dem Entwicklungsstand der NutzerInnen.
Verschiedene Techniken lassen sich miteinander verbinden.

- Babys beruhigen und entspannen sich in aller Regel, wenn sie auf den Arm genommen, sanft gewiegt werden und ihnen ein Lied vorgesummt wird. Sie fühlen sich sicher und geborgen durch das Getragenwerden, den Körperkontakt und die Stimme einer vertrauten Person – alles frühe Erfahrungen, die sie schon im Mutterleib erlebt haben. Kleinkinder wollen durch Köperkontakt und Zuspruch „getröstet" werden, im Grunde der gleiche Vorgang.
- Ist bei Kleinkindern ein entsprechendes Sprachvermögen und damit Vorstellungsvermögen entwickelt, können sie zwischen sich und der Umwelt unterscheiden, in andere Rollen schlüpfen, dann können sie auch über die Sprache mithilfe von einfachen Fantasiereisen entspannen.
  Fantasiereisen sind in diesem Alter sehr beliebt, sie entsprechen den „So-tun-als-ob"-Spielen ihrer Altersgruppe. Sie werden unterstützt durch einfache, entspannende Rollenspiele und Bilder, die das Körperempfinden einbeziehen.
  Die Entspannungsgeschichten sollten in diesem Alter einfach strukturiert sein, der unmittelbaren Umwelt und dem Erlebnisbereich der Kinder entsprechen. Mit Eintritt in den Kindergarten, in der Regel mit 3 Jahren, haben die Kinder ein Körperbewusstsein entwickelt, sodass sie auch über einfache Atem- und Körperwahrnehmung Entspannung erreichen können.

- Im Alter von 4 – 6 Jahren haben die Kinder einen größeren Erfahrungsschatz, der sich in Fantasiereisen einbauen lässt. Sie haben im Alltag mehr und mehr Abenteuer bestanden und können längeren und komplexeren Geschichten zuhören, wobei die Würze einer Entspannungsgeschichte immer noch in der Kürze liegt.
- Mit Eintritt der Kinder in die Schule haben sich kurze Stilleübungen im Unterrichtsgeschehen bereits etabliert. Die Kinder finden hier zu mehr Aufmerksamkeit im Unterricht. Die innere Vorstellung ist abstrakter, sodass Fantasiereisen zur Entdeckung von inneren Schätzen wie Kraft, Mut etc. führen können.
- Jugendliche und Erwachsene können gezielte Entspannungstechniken wie Progressive Muskelentspannung nach Jacobsen, Autogenes Training oder Meditation einsetzen. Eine gute Anleitung zur Arbeit mit Jugendlichen vermittelt auch „Horizonte erweitern" von Monika Schneider, ebenfalls im Ökotopia-Verlag erschienen.

Entspannungsmusik

Musik hat eine starke Wirkung auf unser Befinden. Es wird vermutet, dass dem noch ungeborenen Kind Töne von außen über die Schwingungen des Fruchtwassers vermittelt werden. Das Kind hört den gleichmäßigen Herzschlag der Mutter und fühlt sich sicher und aufgehoben. Es ist alarmiert, wenn das Herz schneller schlägt. Durch die frühe Erfahrung im Mutterleib reagieren wir später immer noch gleich auf verschiedene Rhythmen. Wer schon einmal bei Techno-Musik auf der Tanzfläche war, weiß wovon ich spreche. Wenn die Basstöne immer schneller aufeinander folgen, beginnt unserer Herz entsprechend zu jagen.

Durch Entspannungsmusik wird der Pulsschlag mit Hilfe von Tempoverlangsamung beeinflusst. Gute Entspannungsmusik sollte daher die im Folgenden beschriebenen Kriterien erfüllen.

Auswahlkriterien für Entspannungsmusik

- **Die Musik muss unauffällig sein**

Das Neugeborene beruhigt sich, wenn ihm eine einfache, immer wiederkehrende Melodie vorgesummt und es zur Melodie sanft gewiegt wird. Es kann sich auf die immer wiederkehrende gleiche Melodiefolge verlassen, dies gibt ihm Sicherheit, es kann entspannen. Hören wir auf einer Entspannungs-CD eine unaufdringliche, immer wiederkehrende Melodie, hat dies dieselbe Wirkung.

- **Melodien dürfen sich nicht aufdrängen**

Die Grundmelodie darf sich nicht zu sehr in den Vordergrund drängen. Veränderungen des Themas nehmen die HörerInnen mit auf einen Weg von Assoziationen, sie müssen aber immer wieder zur Grundmelodie zurückfinden können.

- **Verzicht auf extreme Frequenzen und auffallend perkussive Klänge**

Ist die Musik zu sehr rhythmusbetont, wird der Kreislauf aktiviert und die Lebensgeister werden geweckt. Wir verspüren den Drang uns wieder zu bewegen. Extreme Frequenzen stören bei der Entspannung wie ein Wecker, der uns aus dem Schlaf reißt.

- **Hörgewohnheiten berücksichtigen** (Harmonik aus dem bekannten Kulturkreis)

Bei Kindern empfiehlt es sich, die Entspannungsmusik an vertrauten Hörgewohnheiten auszurichten. Im Jugend- und Erwachsenenalter können neue Klänge aus einer anderen Kultur den Charakter des „Verreisens" unterstützen, was in diesem Alter mit Urlaub vom Alltag assoziiert wird.

- **Verwendung von Naturgeräuschen**

Wird die Entspannungsmusik mit Naturgeräuschen unterlegt, so assoziieren wir damit Aufenthalte in der Natur als Symbol für freie Zeit voller Muße. Das Hören von Naturgeräuschen unterstützt die Entspannung. Aber Vorsicht vor zu viel Wassergeplätscher bei Kindern – der Toilettentourismus steigt auffallend an...

- **Vermeidung fremd gesprochener Texte**

Es gibt einige Entspannungs-CDs, bei denen eine gesprochene Fantasiereise gleich mitgeliefert wird. Ich habe die Erfahrung gemacht, dass diese Texte leicht unpassend wirken können, weil jede Snoezelen-Stunde ein ganz individuelles Ereignis ist. Die Stimme auf der CD kann die Dynamik einer Stunde mit mehreren TeilnehmerInnen nicht berücksichtigen. Von daher ist es immer passender, wenn Fantasiereisen von den jeweiligen BegleiterInnen persönlich gesprochen werden. Sie können auf die ganz eigene Dynamik einer Stunde flexibel eingehen.

Empfehlenswerte Entspannungsmusik

Es gibt ein großes Angebot von Entspannungsmusik auf dem Markt. Manche sind mehr, manche weniger geeignet zum Einsatz im Snoezelen-Raum. Um die Orientierung für den Einstieg zu erleichtern, habe ich die Auswahl von Tonträgern auf einige Musikproduktionen beschränkt.

Die CD „Traumstunden für Kinder" von Ralf Kiwit ist als Ergänzung zu diesem Buch entstanden und eignet sich wunderbar für Kinder wie Erwachsene: Die Musik begleitet die im Buch erzählten Geschichten, lässt eigene Geschichten / Fantasien entstehen oder wirkt einfach nur für sich allein ...

- Für Kinder besonders geeignet halte ich die Musikproduktionen von Martin Buntrock und Reinhard Horn. Hier besonders „Die Reise zur Trauminsel" von Martin Buntrock, deren Grundmelodie ganz kleine Leute entspannen lässt. Erwachsene werden durch die einfache, immer wiederkehrende Melodie in die Kindheit zurückversetzt. Die CD von Reinhard Horn „Einmal Himmel und zurück" richtet sich an HörerInnen im Alter von 4 – 11 Jahren, in einem Begleitheft finden sich Fantasiereisen zum Vorlesen. Schön auch die „Streichelwiese" von Reinhard Horn, zur besseren Körperwahrnehmung von Kindern.
- Naturimpressionen vermitteln verschiedene Tonträger mit Naturgeräuschen von Martin Buntrock, die von Sonne, Wind, Meer, Wald und Bach erzählen. Diese Tonträger eignen sich sowohl für Jüngere als auch ältere HörerInnen.
- An Jugendliche wendet sich die CD „Auf den Flügeln meiner Seele" von Reinhard Horn, ebenfalls wieder mit Fantasiereisen im Begleitheft.
- Empfehlenswert für Jugendliche der Tonträger von Ralph Paul Schneider „Horizonte erweitern", der mit dem gleichnamigen Buch von Monika Schneider im Ökotopia Verlag erschienen ist.

Alle Tonträger sind im Anhang aufgeführt. Sie eignen sich grundsätzlich auch für die in diesem Buch beschriebenen Fantasiereisen.

Das gemeinsame Musik hören

Ein paar einleitende Sätze unterstützen die Kinder, sich auf die Musik einzulassen, sich darauf zu konzentrieren. Sie erleichtern den Zugang und können natürlich in abgewandelter Form mit persönlichem Stil vorgetragen werden:

Legt euch bequem hin und macht es
euch gemütlich.
Hört einmal auf die Musik.
Was erzählt euch die Musik?
Was fällt euch beim Hören zur Musik ein?
Wenn die Musik zu Ende ist, könnt ihr
erzählen, was ihr erlebt habt.

Damit die Musik ihre volle Wirkung entfalten kann, bietet es sich an, das Gehörte mit einem Spiel der Lichter im Snoezelen-Raum zu verbinden. Eine solche Lichtregie gelingt am besten, wenn die Begleitung die Musik vorher schon gehört und ausprobiert hat, welche Beleuchtung zu welcher Musiksequenz passt und wann ein Wechsel im Musikstück einen Wechsel in der Beleuchtung sinnvoll macht.
Unbedingt darauf achten, dass die verschiedenen Beleuchtungsmöglichkeiten nicht zu schnell und dauernd wechseln!

Das Hören von Entspannungsmusik kann im Snoezelen-Raum isoliert angeboten werden. Es ist aber auch möglich, nach einer gewissen Zeit, wenn die TeilnehmerInnen entspannen, die Musik leiser werden zu lassen und eine Fantasiereise vorzutragen (s. S. 35 ff.).

Wird nur Musik gehört, muss die Stunde auch, wie nach einer Fantasiereise üblich, mit einem Wecken enden, sonst verbleiben die TeilnehmerInnen in diesem verträumten Zustand für den Rest des Tages (s. S. 39 „Die Rückreise"). Eine Reflexionsphase über die gemachten Erlebnisse ist notwendig.
Wichtig ist, dabei Zeit für die Nachbesinnung und Verarbeitung zu lassen. Um das Gehörte zum Ausdruck zu bringen, können gerade Jüngere auch ein Bild dazu malen. Die geweckten Assoziationen werden das Rollenspiel bereichern und anregen.
Es ist auch möglich, die TeilnehmerInnen mit einer betont rhythmischen Musik zu „wecken". Dazu eignet sich die Lieblingsmusik der entsprechenden Gruppe. Bei dieser Musik können die TeilnehmerInnen sich recken, strecken, dehnen aber auch ausgelassen rumtoben und vielleicht eine Kissenschlacht veranstalten. Das weckt die Lebensgeister und passt zur entspannten Grundhaltung, die Blödeln, Kitzeln, Albernsein und ein freies Lachen gerne zulässt.

Fantasiereisen zur Entspannung

Die Wohlfühl-Atmosphäre des Snoezelen-Raumes begünstigt jede Entspannungstechnik. Da Kinder im Vorschul- und Grundschulbereich besonders über Fantasiereisen gut erreichbar sind, liegt hierin der Schwerpunkt der methodischen Ausarbeitung. Die Stilleübungen sind in „Mit den Sinnen spazieren gehen" integriert (s. S. 70 ff.).

Durch die Reise in die Fantasie wird für eine Zeit der Alltag vergessen. Die ZuhörerInnen verfolgen die gesprochene Geschichte und wenden sich erlebten Bildern ihrer eigenen Fantasie zu. So erreichen sie nicht nur einen tiefen Erholungszustand, gleichzeitig erweitern sie die eigene Erlebnisfähigkeit. Eine große Rolle spielt bei den Fantasiereisen die emotionale Zuwendung des Erzählers. Oft ist es gar nicht so bedeutend, was der Erzähler sagt. Das Gesprochene kann zum plätschernden Hintergrund werden und die ZuhörerInnen benutzt es als Klangteppich, um in der eigenen Fantasie spazieren zu gehen.

Bei den Fantasiereisen kann Entspannungsmusik eingesetzt werden, dabei sind aber die Auswahlkriterien (S. 32) zu berücksichtigen. Auch die empfohlenen Stücke (S. 33) können hier zum Einsatz kommen.
Manchmal wirkt Musik aber auch störend und es ist besser, ganz darauf zu verzichten.
Wird eine Fantasiereise mit Musik unterlegt, muss als Vorbereitung der Text zur gewählten Musik geübt werden. So wie das Spiel mit dem Licht auch mit der Musik harmonieren soll, muss gleichfalls die Sprache mit der Musik im Einklang sein. Die Sprechpausen (***) müssen dabei an die verschiedenen Elemente des Musikstückes angepasst werden.
Es gibt beim Snoezelen also nicht nur eine „Lichtchoreografie", sondern auch eine „Sprachchoreografie".

Anmerkung: In den meisten Fantasiereisen wurde auf das „Du" als Anrede verzichtet und stattdessen die Gruppe als Ganzes angesprochen. Das Kind kann dann besser entscheiden, ob es sich angesprochen fühlen möchte oder nicht. Außerdem hört es immer, dass sich mehrere auf diese Fantasiereise begeben, es ist also nicht alleine.

Zur Methodik von Fantasiereisen

Die Reiseführung

Wer eine Fantasiereise leiten will, muss die Orte, die in der Fantasie angesteuert werden, selbst vor Augen haben. Gelingt das, können bei den ZuhörerInnen ebenfalls innere Bilder entstehen. Damit die Fantasiereise für alle „Mitreisenden“ entspannt verläuft, muss die Reiseführung selbst entspannt sein. Wichtig ist also, dass die eigene Haltung Ruhe ausstrahlt, dass sich die Stimme ruhig und angenehm anhört. Eine gute Selbstwahrnehmung hilft dabei, zu selbstbewusster, ruhiger Ausstrahlung zu gelangen.

Fragen an uns selbst können für das eigene Selbstbewusstsein hilfreich sein:
Was fühle ich gerade?
Wie geht es mir?
Wie fühlt sich mein Körper an?
Was tun meine Hände?
Wie ist mein Blick?
Was sagt mein Mund?
Wie ist der Klang meiner Stimme?
Sage ich, was ich sagen möchte?
In aller Regel entspannt der „Reiseführer“ beim Erzählen genauso wie die „Mitreisenden“. Am einfachsten gelingt uns die ruhige Ausstrahlung, wenn wir erinnern, wie Säuglinge auf Grund unserer Ruheausstrahlung sich selbst wieder beruhigen, wenn wir sie auf dem Arm wiegen. Wenn wir Kontakt zu dieser inneren Ruhe finden, gelingt uns diese Ausstrahlung auch gegenüber älteren Kindern, Jugendlichen und Erwachsenen.

Es ist grundsätzlich besser, Fantasiereisen mit eigenen Worten zu gestalten, als sie vom Blatt abzulesen oder aus der Konserve abzuspielen. Dies verlangt etwas Mut und Übung, der Weg lohnt sich aber. Wenn wir frei sprechen, können wir die Wortwahl ganz gezielt auf die Zuhörerschaft abstimmen, sind in direktem Kontakt und können spontan auf augenblickliche Ereignisse, Stimmungen etc. eingehen.

Eine gute Vorbereitung bzw. Übung ist, sich aus den angebotenen Fantasiegeschichten eine Geschichte auszuwählen, sich selbst einmal laut vorzulesen und zu überlegen, wo Ähnliches bereits erlebt und empfunden wurde. Diese Situation in Erinnerung rufen und mit eigenen Worten laut erzählen.

Die Reiseroute

Wichtig ist bei den Entspannungsgeschichten, dass immer möglichst alle Sinne angesprochen werden, dann kann sich unsere Erinnerung mithilfe der verschiedenen Wahrnehmungen besser „kollektiv erinnern". Vielleicht hört sich ein Familienmitglied, die so selbst gemachte Fantasiereise als Vorübung für die Reiseleitung an. Hilfreich kann es sein, ein kleines Zettelchen mit ein paar Stichpunkten mit in die Snoezelen-Stunde zu nehmen.

Entspannen ist ein fließender Prozess, der von einer fließenden Sprache unterstützt wird. Weiches und langsames Sprechtempo begünstigt diesen Fluss. Dabei ist es wichtig, sich Zeit zu nehmen – auch Pausen sind kreativ.
Das Gesagte muss bei den ZuhörerInnen erst mal „ankommen", es muss Zeit sein, zum Gesagten eigene innere Vorstellungen zu entwickeln.
In einfachen und klaren Bildern sprechen, die den Einzelnen die Möglichkeit geben, sie nach eigenen Vorstellungen auszumalen.
Beim Sprechen selbst mit ausatmen. Beispiel: „Ihr fühlt euch entspannt und ruhig ..." (selbst ausatmen).

Für jede Fantasiereie – wie beim Snoezelen generell – gilt grundsätzlich:
Auf die Reise in die Fantasie geht nur, wer wirklich mit verreisen möchte!
(Prinzip der Freiwilligkeit!)
Kinder, die nicht mitmachen wollen, sind in dieser Entscheidung zu respektieren – sie sollen sich ruhig beschäftigen, die anderen aber nicht stören.

Jede Fantasiereise beginnt mit einer Entspannungseinleitung und endet mit einer Rückorientierung.
Wie der gute alte Deutschaufsatz verfügt eine geleitete Fantasiereise über die drei Schritte: Einstieg – Hauptteil – Schluss.
Entspannen können wir uns nur, wenn wir uns sicher fühlen, daher müssen die Entspannungsschritte vorher transparent sein und als genaue Vorgehensweise erläutert werden:

- *„Zuerst wollen wir gemeinsam zur Ruhe kommen und entspannen,*
- *dann werde ich eine Geschichte erzählen und ihr könnt dem Gehörten nachspüren,*
- *nach einer Weile kommt ihr langsam hierher zurück und werdet wieder ganz wach."*

➔ Entspannte Lage

Die ZuhörerInnen beginnen die Fantasiereise aus einer entspannten Grundhaltung heraus. Am besten gelingt das in entspannter Rückenlage. So wird ganz deutlich, dass nichts von ihnen verlangt wird, dass sie nichts aktiv tun müssen. Auch die Muskeln müssen nicht angespannt werden:

- flach auf dem Rücken liegen,
- die Arme locker neben den Körper legen,
- die Beine ausstrecken, ohne dass sie sich berühren.

Für die „Reiseführung" ist eine aufrechte, aber entspannte Sitzposition (Schneidersitz) am günstigsten, so kann sie ihre „Reisegesellschaft" im Blick haben und sehen, ob alle sich auch tatsächlich entspannen können.

Sätze wie
„Macht es euch gemütlich,
legt euch bequem hin"
leiten die Entspannung ein.

➔ Loslassen

Am besten loslassen von aktuellen Eindrücken können wir, wenn wir alles Erlebte „ausatmen".
Sätze wie
„Wir spüren unsere Atmung."
„Die Bauchdecke hebt sich beim Einatmen und senkt sich beim Ausatmen."
„Wir genießen das Ausatmen."
„Alles was wir heute schon erlebt haben, atmen wir aus."
unterstützen das Loslassen.

➔ Den Kopf ausschalten

Unser Kopf ist einem Computer ähnlich, er lässt sich nur nicht auf Knopfdruck abschalten. Am besten kommen wir „aus dem Kopf", indem wir unseren Körper bewusst spüren.
Sätze wie
„Spürt, wie ihr bequem liegt"
führen raus aus dem Kopf und rein in den Körper.
„Vielleicht spürt ihr, wie euer Körper die Unterlage berührt, von der er getragen wird. Liegt ihr noch nicht richtig bequem, könnt ihr euch zurechtrücken, um es euch noch bequemer zu machen."

➔ Fantasiereise

Sind Kinder unruhig, kann es helfen, sie auf den Schoß zu nehmen oder nahe bei sich liegen zu haben. Legen wir die Hand auf, beruhigt das die meisten.
Ist im Raum Ruhe eingekehrt und wirken die Gesichtspartien der TeilnehmerInnen gelöst, kann zum zweiten Teil übergegangen werden.
„Wir kümmern uns jetzt um gar nichts mehr und ruhen ganz in uns selbst."

- Nach einer Weile mit der Fantasiereise beginnen:
  „Ich erzähle euch jetzt eine Traumgeschichte. Die Bilder sind Angebote für euch, verweilen zu können. Manchen von euch werden die Bilder etwas sagen, aber manchen auch nicht, das macht nichts, ihr könnt dann einfach so entspannt bleiben."

- Falls Musik eingesetzt wird:
  „Wir genießen die angenehme Musik im Hintergrund."
  Die Musik, die passend zum Thema der Entspannungsgeschichte ausgesucht wurde, wirken lassen. Nach einer Weile die Musik etwas leiser drehen und mit der Fantasiereise beginnen (siehe oben).

→ Die Rückreise

Wichtig ist bei Fantasiereisen – wie beim Snoezelen überhaupt, dass die Reise in der Fantasie auch wieder zurück geht! Dies kann kürzer geschehen als die Hinführung. Nach der Geschichte etwa eine Minute Zeit lassen, damit die Kinder noch einen Moment bei ihren inneren Bildern verweilen können.

„Genießt den Zustand *** aus dem ihr dann langsam zurückkommt. So wie ihr aus einem schönen Traum erwacht. *** Und während ihr aufwacht, fühlt ihr, wie ihr klarer und immer wacher werdet. *** Euer Körper wird wacher und auch euer Geist. *** Ihr könnt euch so fühlen, als seid ihr gerade von einem Ferienausflug zurück gekommen – ausgeruht und voller neuer Eindrücke. *** Schaut euch jetzt einmal im Raum um, nehmt Blickkontakt zu den anderen auf, streckt und dehnt euch wie junge Katzen und gähnt einmal ganz tief und laut. *** Nun stützt euch auf die Ellenbogen und schaut euch im Raum um. *** Nehmt Kontakt zu den anderen auf. *** Langsam kommt ihr in Sitzposition und streckt die Arme zur Decke."

Die Dehnungsübungen als ReiseführerIn vormachen, auch selbst laut gähnen...

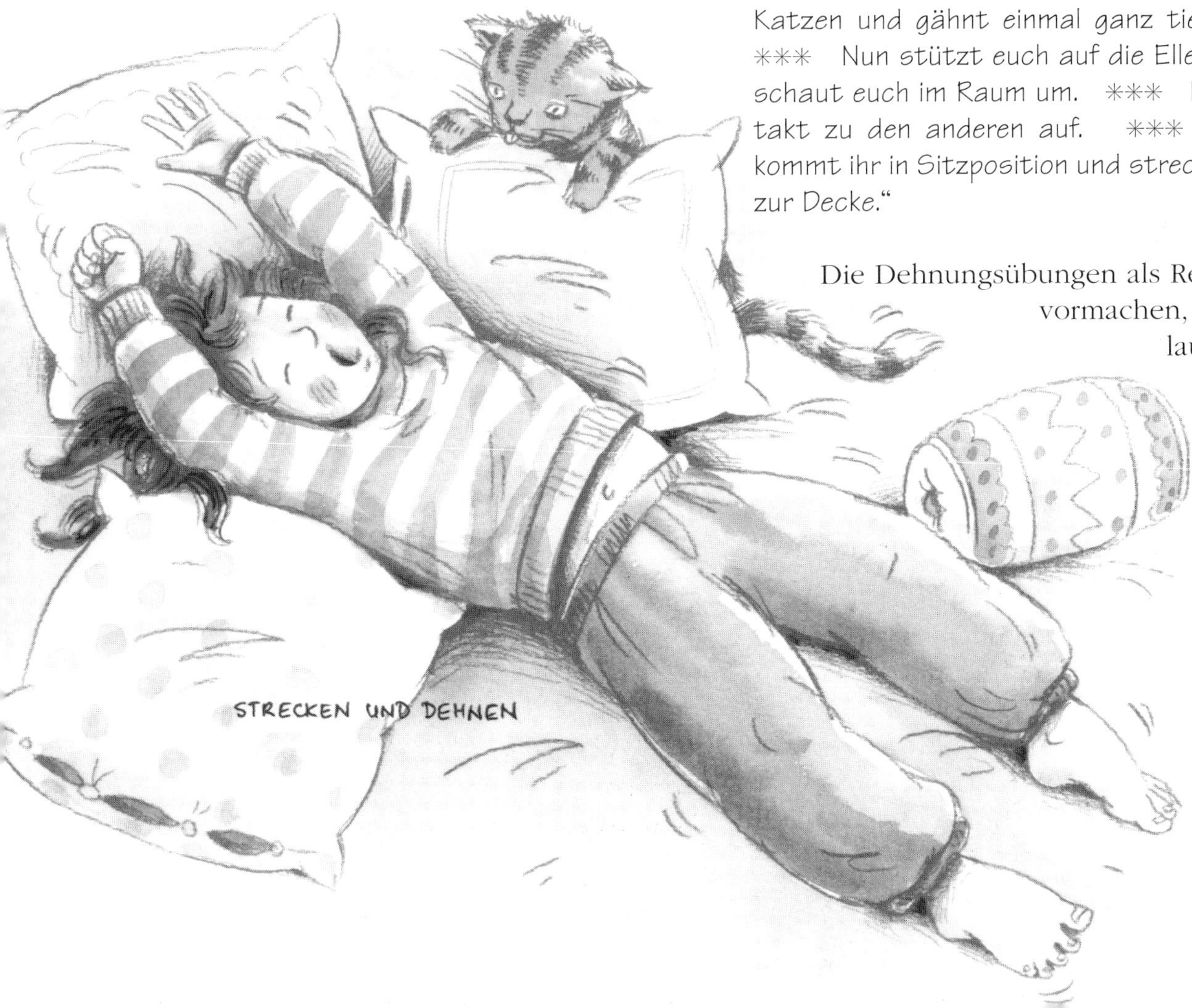

„Wir rücken im Kreis zusammen und erzählen uns, was wir erlebt haben."
Darauf achten, dass alle einmal zu Wort kommen.
Ist ein Kind während der Entspannung eingeschlafen, ist das ein Zeichen für tiefe Entspannung. Das Kind dann direkt ansprechen und langsam und liebevoll zurückholen.

Es kann sein, dass sich die Kinder von sich aus untereinander austauschen.
Unterstützende Fragen können hier sein:
„Was habt ihr erlebt?
Konntet ihr mit der Geschichte
etwas anfangen?
An was haben euch die Bilder erinnert?"
Die Traumgeschichten können nach den Vorschlägen der Kinder verändert werden.
Die Erlebnisse können im Anschluss auch gemalt werden.

Nach der Reflexion stehen wir auf und schütteln uns kräftig aus, wir hüpfen auf der Stelle, damit unser Kreislauf wieder in Schwung kommt. Bei älteren Kindern in Paaren zusammengehen und gegenseitig „abklopfen". Dabei mit leichtem, beidhändigem Klopfen vom Kopf über die Schultern, Rücken (Wirbelsäule aussparen), Po und Beine den Kreislauf wieder in Schwung bringen.

Nach der Rückorientierung räumen alle auf, lüften den Raum, ziehen ihre Schuhe wieder an... So beenden sie gemeinsam aktiv die Situation und finden wieder in den Alltag zurück.

Atemgeschichten

Fantasiereisen können gezielt zur bewussten Atemwahrnehmung angeboten werden.
Anmerkung: Bitte alle Atemübungen selbst mitmachen, damit ein Gefühl für die Länge der notwendigen Pausen entsteht und den Kindern genügend Zeit bleibt, das Gesagte nachzuvollziehen.

Das Zauberkügelchen

Alter: ab 4 Jahren
Beginn: Reiseroute in die Fantasie, S. 37

„Stellt euch vor, mitten im Bauch, oberhalb des Bauchnabels, habt ihr ein Zauberschatzkästchen. Öffnet ihr das Schatzkästchen, könnt ihr ein kleines, goldenes Zauberkügelchen sehen. *** Dieses Zauberkügelchen hat Zauberkraft, denn überall, wo es im Körper hinrollt, fühlt ihr euch wohlig warm und tief entspannt. *** Bewegt werden kann das Zauberkügelchen mithilfe eures Atems. Wenn ihr jetzt tief einatmet, kann das Zauberkügelchen aus dem Schatzkästlein herausrollen. *** Ihr atmet tief ein und wieder aus. *** Das Kügelchen rollt im Bauch nach unten und wieder hoch zum Zauberkästchen. *** Das wiederholt ihr ein paar Mal. *** Nun könnt ihr versuchen das Zauberkügelchen mit eurem Atem bis an die rechte große Fußzehe zu schicken. Vielleicht rollt die Kugel beim ersten Atem nur bis zum Knie, dann versucht ihr beim zweiten Atemzug sie ganz nach vorne in den Fuß zu schicken. *** Mit dem Ausatmen rollt das Kügelchen immer wieder zurück in sein Kästchen. *** Überall wo die Zauberkugel war, fühlt ihr euch warm und entspannt. *** Ihr schickt die Kugel ins linke Bein, *** dann in den rechten Arm, *** in den linken Arm, *** dann die Wirbelsäule hoch bis in den Kopf, *** auch über das Gesicht, *** über die Stirn, um die Augen, die Lippen, die Wangen, die Nase, die Ohren. *** Wenn die Zauberkugel überall gewesen ist, dann spielt ihr mit ihr noch im Bauch, wie es euch beliebt. *** Wenn ihr überall entspannt seid, dann holt ihr die Zaubermurmel in euer kleines Schatzkästchen zurück und lasst sie dort ruhen – und immer, wenn ihr euch entspannen wollt, könnt ihr sie mit eurem Atem wieder auf Reisen schicken.“ ***

Abschluss: Der Rückweg, S. 39

Wärmende Sonne

Alter: ab 6 Jahren
Raumvorbereitung: s. S. 27 ff.
Beginn: Reiseroute in die Fantasie, S. 37

„Stellt euch vor, es ist ein warmer Frühlingstag. *** Ihr seid in ein Tal gewandert und habt es euch auf der Wiese in der Nähe eines Bachlaufes auf eurer Decke bequem gemacht. *** Ihr genießt die wärmenden Sonnenstrahlen. *** Die Sonne scheint durch die Baumkrone einer Birke und im Geiste seht ihr die Strahlen durch die Zweige schimmern. *** Ihr hört vereinzelt Vogelstimmen und hier und da das Summen von Bienen. *** Das Bächlein gluckert um die Steine, die im Bachbett liegen. *** Am Himmel ziehen ein paar Wölkchen vorbei, deren Form sich ständig verändert. *** Ihr spürt auf der Haut einen warmen Lufthauch und freut euch über die wärmenden Sonnenstrahlen. *** Ihr atmet tief ein und schickt die frisch eingeatmete Frühlingsluft durch euren Körper. *** Zuerst lasst ihr die Luft durch den linken Arm fließen bis zu euren Fingerspitzen. Beim Ausatmen fließt die Luft zurück zu eurer Körpermitte, etwas oberhalb des Bauchnabels. *** Überall, wo die Frühlingsluft war, fühlt ihr euch leicht und entspannt, wie frisch gelüftet, so, als würdet ihr durch ein geöffnetes Fenster die Frühlingsluft in ein Haus lassen. *** Nun atmet ihr erneut die Luft ein und schickt sie in den rechten Arm bis zu den Fingerspitzen und atmet gleichmäßig wieder aus. *** Nun schickt ihr euren Atem durch das linke Bein bis zu den Fußzehen. Beim Ausatmen fließt die Luft wieder zu eurer Körpermitte. *** Nun lasst ihr die Frühlingsluft durch euer rechtes Bein wehen und wieder zurück zu eurer Körpermitte. *** Ihr atmet die Frühlingsluft noch durch euren Kopf, damit auch hier wieder frisch gelüftet ist. ***

Ihr liegt in der Sonne und fühlt euch leicht und entspannt. ***
Ihr spürt die wärmende Kraft der Sonne auf eurer Haut. *** Ihr stellt euch vor, ihr seid selbst ein kleines Abbild der Sonne und eure Arme und Beine sind ihre Strahlen. *** Das Zentrum eurer Sonne sitzt in eurer Körpermitte, ein Stückchen oberhalb des Bauchnabels. Spürt die Kraft eurer Sonne. *** Spürt die Sonnenstrahlen in den Armen und Beinen und fühlt, wie sie euch wärmen und entspannen. ***
Bleibt noch einen Augenblick auf eurer Decke liegen und spürt eure Kraft.
Ihr stellt euch vor, ein Sonnenstrahl vom Himmel kitzelt euch an der Nasenspitze. Ihr werdet wach und blinzelt mit den Augen. *** Ihr dehnt euch wie eine Katze. *** Setzt euch aufrecht hin in den Schneidersitz, macht einen runden Rücken und streckt euch mit euren Armen der Sonne entgegen. *** Nun steht ihr auf, streckt euch noch mal und schüttelt voller Tatendrang Arme und Beine kräftig aus nach diesem fantastischen Sonnenbad.“

Der Zauberatem

Alter: ab 8 Jahren
Raumvorbereitung: S. 27 ff. (vgl. auch Wirkung von Farben, S. 77)
Beginn: Reiseroute in die Fantasie, S. 37

„Wenn ihr ganz entspannt liegt, dann achtet einmal auf euren Atem, wie er kommt und geht. *** Langsam hebt sich die Bauchdecke beim Einatmen, beim Ausatmen senkt sie sich wieder. *** Stellt euch vor, ihr habt einen Zauberatem, den ihr mit eurer Lieblingsfarbe einfärben könnt. *** Was ist heute eure Lieblingsfarbe? *** Ganz wie es euch beliebt, könnt ihr diese Farbe durch euren Körper senden und ein angenehmes Bad in eurer Lieblingsfarbe nehmen. *** Der farbige Zauberatem breitet sich in eurem Bauch aus, *** ihr fühlt euch ganz erfüllt von der Farbe. *** Schickt den farbigen Zauberatem durch das linke Bein in eure Fußzehen, spürt nach, wie sich die Zehen anfühlen. *** Spürt, wie die Ferse eures linken Fußes auf der Unterlage liegt, *** wie die Wade auf der Unterlage liegt, *** wie das linke Knie vom Zauberatem erfüllt wird, *** wie der linke Oberschenkel von der Lieblingsfarbe durchströmt wird. Nun sendet den farbigen Zauberatem in die rechten Zehen. *** Spürt, wie die rechte Ferse auf der Unterlage liegt, *** wie die rechte Wade sich anfühlt, *** wie das rechte Knie vom Zauberatem erfüllt wird, *** wie der rechte Oberschenkel von der Lieblingsfarbe durchströmt wird. *** Schickt dann den Zauberatem in den linken Arm bis vor zu den Fingern, spürt, wie der ganze linke Arm entspannt auf der Unterlage liegt. *** Schickt euren farbigen Zauberatem in den rechten Arm bis vor zu den Fingerspitzen, *** spürt wie der ganze rechte Arm entspannt auf der Unterlage liegt. *** Mit dem Zauberatem könnt ihr die Schultern in eure Lieblingsfarbe hüllen. *** Auch der Kopf wird erfüllt vom Zauberatem. *** Nach dem Bad in der Farbe könnt ihr die Lieblingsfarbe durch euren Körper hinausatmen, *** sie verlässt euren Körper durch die Fußzehen, *** ihr holt noch einmal tief Luft und die letzte Farbe entweicht beim Ausatmen durch den Kopf und schwebt davon. ***

Abschluss: Der Rückweg, S. 39

Traumgeschichten

Kleine Katzenkinder

Alter: ab 3 Jahren
Beginn: Reiseroute in die Fantasie, S. 37

„Stellt euch vor, ihr seid kleine Katzenkinder, die es sich in einem Bettkasten so richtig gemütlich gemacht haben. Jedes Kätzchen sucht sich einen kuscheligen Platz, an dem es bequem liegt. Noch drängelt ihr Katzenkinder euch, doch bald schon liegt ihr friedlich nebeneinander und fallt in einen süßen Schlaf. *** Ihr genießt es, so gemütlich und geborgen zu liegen. *** Ihr spürt die Wärme am Katzenplätzchen. *** Ihr beginnt zu träumen, wie ihr wild miteinander gebalgt habt. *** Ihr seid übereinander gepurzelt und habt euch gegenseitig gefangen. *** Jetzt habt ihr euch ausgetobt und genießt die Ruhe. *** Eure kleinen Katzenkörper liegen schwer und warm auf der Unterlage. *** Um euch herum ist alles friedlich. *** Tief atmet ihr ein und aus. *** So liegt ihr eine Weile und schlummert vor euch hin. *** Ihr fühlt euch wohlig und entspannt. ***

Bitte je nach Situation entscheiden, wie lange die Kinder diese entspannte Situation genießen.

Ihr Katzenkinder schlaft einen tiefen Schlaf. *** Nach einer Weile fühlt ihr euch ausgeruht genug und beginnt euch zu räkeln. *** Ihr streckt alle Viere von euch und gähnt ganz laut. *** Nun kommt Leben in euch Kätzchen. Ihr stellt euch unsicher auf alle Viere und macht einen kleinen Katzenbuckel. *** Vorsichtig begebt ihr euch auf Erkundungsgang. *** Ihr klettert übereinander weg und rollt euch über die Matte. *** Jetzt werdet ihr groß und immer größer, ihr steht auf euren Beinen und reckt euch in den Himmel. *** Ihr verwandelt euch zurück zu Menschenkindern. ***
Wir schütteln uns noch einmal kräftig aus, erst die Arme – dann die Beine. Und damit ist die Traumgeschichte zu Ende!“ ***

Vögel im Nest

Alter: ab 3 Jahren
Raumvorbereitung: Aus allen verfügbaren Decken und Knautschkissen ein großes „Vogelnest" bauen.
Material: etwas Essbares, das an die Vögel im Nest verteilt werden kann, wenn diese „geschlüpft" sind (Gummitiere als „Würmer" oder Sonnenblumenkerne als „Vogelfutter")
Beginn: Reiseroute in die Fantasie, S. 37

„Stellt euch vor, ihr seid Vögel im Nest. Aber keine ausgeschlüpften Vögel, sondern kleine Piepmätze, die noch in der Eierschale hocken. Macht euch also ganz klein und rund, damit ihr in die Eierschale passt. *** In eurem Ei ist es zwar ein bisschen eng, aber ihr habt genug zu essen und außerdem ist es schön warm. Da ihr euch wenig bewegen könnt, schlaft ihr meistens und träumt davon, wie es wohl sein wird, wenn ihr groß genug seid, um aus dem Ei auszuschlüpfen. *** Durch die Eierschale hört ihr ein eifriges Zwitschern und ihr wisst, dass ihr bald mitzwitschern könnt. *** Vielleicht hört ihr auch das Rascheln der Blätter um euch herum, die vom Wind gestreichelt werden. *** Der leichte Wind bewegt die Zweige und sanft werdet ihr im Nest gewiegt. *** Ihr fühlt euch sicher und geborgen im großen Nest und ihr wisst, dass ihr nicht alleine seid, dass da noch viele andere Piepmätze mit euch auf den Augenblick warten, bis sie ausschlüpfen können. *** Natürlich schlüpft ihr Jungen nicht alle auf einmal aus, die meisten genießen erst mal noch den warmen sicheren Ort im Ei. *** Aber immer wenn es einem von euch im Ei zu eng wird, dann räkelt und dehnt sich dieser Vogel so lange, bis seine Eierschale von ihm abfällt. *** Schon in der Schale beginnt ihr kleinen Vögel mit einem sachten, kaum hörbaren Piepen, *** ihr räkelt und streckt euch, *** euer Piepen wird immer lauter, *** ihr Vögel werdet immer lebendiger. *** Da, von außen kann man schon erste Risse in der Eierschale entdecken *** Nach und nach sind immer mehr Risse in der Schale. *** Da, ein erstes Ei ist geplatzt, der Piepvogel zwitschert ganz laut. *** Da, noch ein Ei und noch ein Ei, das Zwitschern wird immer lauter. *** Natürlich werden die geschlüpften Vögel erst einmal gefüttert. ***

(Die Kinder werden die „Schnäbel" aufreißen und piepen, ein Erwachsener oder ein Kind, das nicht im Nest lag, geht herum und „füttert" die Jungvögel mit „Vogelfutter".)

Ihr Jungvögel zupft euer Federkleid zurecht und plustert euch richtig auf. *** Ihr beginnt eure kleinen Flügel zu bewegen. *** Ihr hüpft flatternd herum, dabei fallt ihr gelegentlich noch um. *** Ein Vogel nach dem anderen fällt aus dem Nest und hüpft durch den ganzen Raum. *** Dem ersten gelingt es, sich aufzurichten, er schlägt mit den Flügeln und fühlt sich frei und leicht. *** Ihr anderen Vögel fliegt ihm jetzt nach. Ihr seid froh, euch aus dem Ei befreit zu haben, *** und damit ist diese Traumgeschichte zu Ende!" ***

Wir sind Blumenkinder

Alter: ab 3 Jahren
Beginn: Reiseroute in die Fantasie, S. 37

„Stellt euch vor, wie das wäre, wenn ihr Blumenkinder wärt. Im Winter würdet ihr in der Erde schlafen, weil es draußen bitter kalt ist. *** Ihr fühlt euch von der Erde sicher behütet. Draußen schneit es und dicke Schneeflocken bedecken langsam den Boden. Der Schnee bildet eine Hülle und sorgt dafür, dass die Erde um euch von den eisigen Temperaturen nicht auskühlt. So liegt ihr sicher und geborgen in eurer Erdhöhle und schlaft einen langen Winterschlaf. *** Ihr Blumenkinder träumt beim Schlafen schon vom nächsten Frühling. *** Dann erwärmt die Sonne die Erde, Schmetterlinge entfalten sich und kreisen um die ersten Blüten. ***
Ihr kleinen Blumenkinder bekommt unbändige Lust, aus der Erde emporzuwachsen. Ihr spürt in eurem Blumenstängel und in den Blättern eine große Kraft. ***
Mit dieser Kraft wachst ihr in den Frühling hinein. *** Die Sonne begrüßt euch mit ihren warmen Strahlen. *** Stellt euch vor, dass ihr auch als Menschenkinder so eine Kraft zum Wachsen in euch habt.“ ***

Abschluss: Der Rückweg, S. 39 – Den Rückweg so verändern, dass die Kinder sich wie die Blumenkinder in die Höhe strecken.

Heute ist ein Babytag

Kinder müssen viel zu schnell „groß" sein. Sie genießen es ab und an, besonders wenn ein Geschwisterchen zur Welt kommt, selbst wieder „Baby" zu sein. Solche Phasen des „Wieder-klein-Seins" sind für die Kinder erholsam und sie genießen es. Im therapeutischen Bereich gibt es hierzu einen besonders eingerichteten Raum, den Pränatalraum. Er ist dem Snoezelen-Raum sehr ähnlich, auch hier gibt es ein warmes Wasserbett, gedämpftes Licht und leise Entspannungsmusik. Damit der vorgeburtliche Raum einen stärkeren „Höhlencharakter" gewinnt, sind die Wände hier nicht weiß, sondern tief rosarot (vgl. auch „Wirkung von Farben", S. 77).

Alter: ab 3 Jahren
Vorbereitung: Den Raum mit eingefärbten rosa Tüchern zeltartig abhängen. Wer keine Tücher zur Hand hat, kann auch vorhandene Lichtquellen mit rotem Transparentpapier verkleiden (Achtung: genügend Abstand zur Glühbirne wahren wegen Brandgefahr), oder rote Glühbirnen in die Fassung drehen.
Material: Lieblingskuscheltiere, Kuscheltücher, evtl. „Babybild" von jedem Kind, evtl. Spieluhr
Beginn: Reiseroute in die Fantasie, S. 37; evtl. zur Einstimmung eine Spieluhr spielen lassen

„Stellt euch vor, wie es war, als ihr noch ganz klein wart. *** Ihr müsst euch um nichts kümmern, alles wird für euch getan. *** Jeder trägt euch gern auf dem Arm, ihr werdet sanft gewiegt und alle kümmern sich drum, dass ihr alles habt, was ihr braucht, und dass ihr immer gut versorgt seid. ***
Ihr fühlt euch geborgen und rundherum wohl. *** Genießt dieses Gefühl, dass die ganze Welt um euch herum euch liebevolle Zuwendung schenkt. *** So, wie euer Kuscheltier, das ihr ganz fest an euch drückt. ***
Ihr könnt friedlich schlummern, es wird nichts von euch verlangt. *** Ihr seid einfach da und das ist gut so. *** Dieses Gefühl kommt aus eurem Innersten und wird euch immer begleiten. Auch wenn ihr groß seid. ***

Vielleicht denkt ihr jetzt daran, wie groß ihr inzwischen seid. *** Und was ihr schon alles könnt, *** worauf ihr so richtig stolz seid." ***

Abschluss: Der Rückweg, S. 39

Auf der Schaukel

Alter: ab 4 Jahren
Beginn: Reiseroute in die Fantasie, S. 37

„Stellt euch vor, ihr seht von weitem eine große Schaukel, die mit bunten Bändern verziert ist. Ihr lauft zur Schaukel, dreht euch mit dem Rücken zu ihr, fasst mit beiden Händen die Seile und setzt euch auf das Schaukelbrett. ***
Mit einem kräftigen Schwung stoßt ihr euch von der Erde ab und beginnt zu schwingen. ***
Der Wind streicht euch durch das Haar, ihr spürt ihn auch auf Armen und Beinen. Ihr schaukelt vor und zurück. Bei jedem Zurück freut ihr euch schon darauf, mit den Füßen erneut die Luft zu zerteilen. ***
Vor euch seht ihr eine Wiese liegen. Und immer, wenn ihr nach vorne schaukelt, ist es euch so, als könntet ihr mit euren Fußspitzen den Himmel berühren. ***
Schaukelt in Gedanken noch eine Weile weiter, wie es euch beliebt." ***

Abschluss: Der Rückweg, S. 39

Der Waldspaziergang

Alter: ab 4 Jahren
Beginn: Reiseroute in die Fantasie, S. 37

„Mit Bollerwagen, Decken und reichlich Proviant ausgestattet, macht ihr euch auf den Weg, um in einem kleinen Tal, hoch oben im Wald, an einem Bächlein Picknick zu machen. Zunächst steigt der Weg in den Wald steil an.
Am Anfang ziehst du den Wagen holpernd hinter dir her. Die anderen entdecken hier einen großen schwarzen Käfer, der langsam über den Waldboden krabbelt, und dort eine Quelle mit klarem, trinkbarem Wasser. Immer wieder gibt es einen Grund, anzuhalten und etwas zu erforschen. ✳✳✳
Als du endlich vom Wagenziehen befreit wirst, fühlst du dich von einer Last befreit. Du genießt es, leichter und schneller voranzukommen. ✳✳✳
Du beschließt, der Gruppe voran zu gehen und das Tal zuerst zu erreichen. Der Weg ist dir vertraut, schon oft wart ihr an dieser Stelle. Hinter dir hörst du die anderen reden und lachen, doch ihre Stimmen werden immer leiser und mehr und mehr hörst du die Geräusche des Waldes. ✳✳✳
Der Weg wird schmaler und die Bäume scheinen näher zu rücken. Der Boden unter deinen Füßen wird samtiger. Rechts den Berg hoch wachsen viele Farne und Moosfleckchen. Du stellst dir vor, dass hier kleine Zwerge ihre Wohnung haben. ✳✳✳ Zur linken Seite ist der Hang abschüssig und tief unten hörst du schon den Bach plätschern. Die Luft ist erfüllt von Vogelstimmen und irgendwo hämmert ein Specht eine neue Behausung. ✳✳✳
Der Waldweg mündet in einen breiteren Kiesweg, der den Hang hinaufführt. Der Baumbestand wird lichter, und rechts und links des Weges steht hohes Gras mit unzähligen wild wachsenden Blumen.
Endlich hast du die Höhe erreicht.
Links von dir führt ein Trampelpfad in ein kleines Tal hinunter zu der Wiese mit dem Bachlauf. Ins Tal scheint die Sonne.
Am Bach ziehst du gleich die Schuhe aus und hängst die Füße ins kühle Nass. Erst ist dir das Wasser an deinen Füßen viel zu kalt, doch dann genießt du die Frische. ✳✳✳ Barfuß läufst du über die Wiese zum großen Feuerplatz. Die letzte Glut von den Vorgängern ist längst erloschen. Du setzt dich auf einen sonnenwarmen Baumstamm, streckst die Beine in die Sonne und freust dich, am Ziel zu sein.“ ✳✳✳

Abschluss: Der Rückweg, S. 39

Der Lieblingsplatz

Alter: ab 4 Jahren
Beginn: Reiseroute in die Fantasie, S. 37

„Die Welt ist voller Lieblingsplätze. Man muss sie nur ausfindig machen und für sich entdecken. Lieblingsplätze können unter freiem Himmel sein, vielleicht unter einem alten Baum, hinter einer Hecke, in einem Winkel im Garten. Sie sind auch drinnen im Haus, vielleicht auf dem Speicher, in einem Zimmer, in einer bestimmten Ecke oder auf einem Sofa, auf einer Bank oder in einem Sessel zu finden.
Überlegt euch, wo ihr euren Lieblingsplatz habt. *** Draußen oder drinnen. *** Sucht euch in Gedanken den Lieblingsplatz aus, der euch im Moment am besten gefällt. *** Und dann macht es euch genau da gemütlich. *** Vielleicht fehlt euch ja noch etwas, dann denkt es euch einfach in der Fantasie dazu *** Genießt euren Lieblingsplatz, an dem ihr euch so richtig wohlfühlt.“ ***

Abschluss: Der Rückweg, S. 39

Gutenachtgeschichte

Alter: ab 4 Jahren
Beginn: Reiseroute in die Fantasie, S. 37

„Stellt euch vor, es ist Nacht und ihr liegt gemütlich in eurem Bett. *** Ihr hattet einen schönen und erfüllten Tag und genießt es jetzt, euch auszuruhen. *** Das Bett ist gemütlich und weich – ihr macht es euch bequem. Durch das Fenster seht ihr den Himmel und viele Sterne. Vielleicht lacht der Mond zu euch ins Zimmer. Die ganze Welt ist still und ruht sich aus, *** so wie ihr euch auch ausruht. Vielleicht habt ihr ja einen schönen Traum und in der Nacht fällt eine Sternschnuppe vom Himmel, die euren Traum wahr macht. *** Schlaft so die ganze Nacht hindurch bis euch am nächsten Morgen die Sonne wieder wach kitzelt. *** Guten Morgen!!!!“

Abschluss: Der Rückweg, S. 39
Als Rückorientierung können auch pantomimisch die Zähne geputzt, das Gesicht gewaschen, die Haare gekämmt werden...

Auf der Luftmatratze

Alter: ab 4 Jahren
Beginn: Reiseroute in die Fantasie, S. 37

„Stellt euch vor, ihr seid in den Ferien mit euren Eltern ans Meer gefahren. Ihr liegt am Strand. *** Ihr spürt unter euch das warme Badetuch und bei jeder Bewegung gibt der Sand weich nach. Ihr grabt die Fersen tief in den weichen Sand ein. ***
Ihr hört, wie die Wellen leicht an den Strand gespült werden. Vor euch, auf dem Wasser, schaukelt sanft eine Luftmatratze. Vielleicht wollt ihr euch auf dieser Luftmatratze von den Wellen tragen lassen. ***
Ihr lauft über den warmen Sand zum Wasser, springt mit ein paar Schritten durch die flachen Wellen und spürt die ersten kalten Spritzer am Körper. ***
Ihr legt euch auf die Luftmatratze und genießt das leichte Schaukeln der Wellen.
Ihr seht den blauen Himmel über euch. Vielleicht fliegen in diesem Augenblick gerade ein paar Möwen vorbei. *** Die Sonne wärmt euren Körper und die Wellen sind so sanft, dass die Luftmatratze fast an der gleichen Stelle bleibt. Immer wenn eine neue Welle kommt, gehen zuerst eure Füße hoch, dann die Beine, der Rücken und zum Schluss die Schultern und der Kopf. So lasst ihr euch dahin treiben. ***
Ganz langsam und sacht wird eure Luftmatratze von der leichten Brandung wieder zurück an den Strand gespült.“

Abschluss: Der Rückweg, S. 39

Der verwunschene Garten

Alter: ab 6 Jahren
Beginn: Reiseroute in die Fantasie, S. 37

„Stellt euch vor in der Straße, in der ihr wohnt, liegt ein verwilderter Garten. Obwohl er schon lange nicht mehr genutzt wird, strahlt er eine besondere Schönheit aus. Auf den Pfahlspitzen des verwitterten Holzzaunes sitzen handgeschnitzte Tierfiguren: eine Eule, ein kleiner Elefant, eine Schildkröte. Sie zeigen euch, dass der frühere Besitzer seinen Garten einmal mit viel Liebe und Sorgfalt angelegt hat. Späht ihr genauer durch die verwilderten Hecken, entdeckt ihr vielleicht einen Rosenbogen, an dem eine wilde Heckenrose rankt. Dahinter könnt ihr einen alten, verwitterten Gartenstuhl erahnen, dessen rote Farbe inzwischen teilweise abgeblättert ist. ***

Schon lange ist dieser Garten dein Traumgarten. Heute fasst du dir ein Herz und gehst vorsichtig durch das halb geöffnete Gartentörchen. Es quietscht ein bisschen, als du es ein Stückchen weiter öffnest. Ein kleiner blauer Schmetterling fühlt sich in seiner Ruhe gestört und flattert davon. *** Der Weg ist mit kleinen Feldsteinen eingefasst. Aus den Zwischenräumen und Ritzen wuchern Butterblumen und Klee. Hier und da stehen Brennnesseln. Du bist vorsichtig und passt auf, dass du sie nicht mit den Beinen streifst. Eine Amsel keckert ihr Lied und im Sonnenlicht schwirren geschäftig unzählige kleine Insekten. *** Obwohl der Garten von Leben erfüllt ist, scheint die Zeit hier stehen geblieben zu sein. Leise knirschen die Kieselsteinchen unter deinen Füßen und es umgibt dich goldene Wärme. *** Du gehst bis zum Rosenbogen, schiebst mit der Hand vorsichtig einen Rosenspross zur Seite. Vor dir steht tatsächlich der rote Gartenstuhl. Du schiebst auch diesen zur Seite und vor dir liegt ein sonnengewärmtes Kräuterbeet, das mit einem kleinen Steinmäuerchen eingefasst ist. Es gibt große und kleine Kräuterbüsche. Zwischen den Kräutern liegen flache Steine und du wanderst von Stein zu Stein durch das Beet. Es duftet nach Pfefferminze, Rosmarin und Lavendel. Auf einen besonders einladenden Stein setzt du dich hin.
Der Stein ist von der Sonne ganz warm. Hier und da krabbeln ein paar Ameisen, die keine Notiz von dir nehmen. Du lauschst dem Summen, Surren und Zwitschern der vielen Gartenbewohner. Du träumst davon, wie es wäre, wenn der Garten nur dir gehören würde.“ ***

Abschluss: Der Rückweg, S. 39

Der Traum vom Fliegen

Alter: ab 6 Jahren
Beginn: Reiseroute in die Fantasie, S. 37

„Bestimmt hat jeder von euch schon einmal vom Fliegen geträumt. Natürlich geht das in Wirklichkeit nur mit dem Flugzeug oder dem Heißluftballon, aber im Land der Träume können wir uns diesen Wunsch erfüllen.
Stellt euch vor, ihr lauft auf einem Weg im Traumland, das so schön ist, wie es nur ein Traumland sein kann. Plötzlich habt ihr Lust zu fliegen, damit ihr mehr davon zu sehen bekommt. Ihr spürt in euren Körper und wisst, dass ihr mit ein wenig Kraftanstrengung in den Beinen schon einen großen Hüpfer machen könnt. *** Im Traume beginnt ihr zu laufen – und jedes Mal, wenn ihr mit den Beinen kräftig abspringt, gelingt euch ein höherer Sprung. *** Ihr merkt, dass die Kraft in den Beinen nicht ausreicht, um ganz vom Boden abzuheben. Im Traum beginnt ihr kräftig mit den Armen seitlich zu schlagen, so, als hättet ihr Flügel. Tatsächlich, mit jedem Schwung könnt ihr ein

bisschen höher springen. Ihr strengt euch mächtig an, um eine Weile in der Luft zu bleiben. Immer höher und höher fliegt ihr und mit einem letzten kräftigen Schwung in den Armen landet ihr auf dem nächsten Dach. Ihr seht euch um und entdeckt vor euch ein weites Tal. Erneut stoßt ihr euch kräftig mit den Beinen ab, schwingt eure Arme wie Flügel und gleitet über das schöne Tal. *** Unter euch liegen Wiesen mit bunten Blumen und dichte Wälder. Ihr genießt diesen Anblick. *** Langsam fliegt ihr bis zur gegenüberliegenden Talseite. Dort landet ihr wieder sicher auf einem Weg. Diesen lauft ihr zurück. *** Ab und zu wagt ihr noch ein paar kleine Sprünge. *** Der Weg führt euch langsam zurück in die Wirklichkeit." ***

Abschluss: Der Rückweg, S. 39

Reise auf dem Fliegenden Teppich

Alter: ab 6 Jahren
Material: eine Decke, Teppich o. Ä.
Beginn: Reiseroute in die Fantasie S. 37

„Stellt euch vor, ihr findet auf dem Dachboden einen alten Teppich. Er ist fein gewebt und voller Verzierungen. Ihr rollt ihn auf und etwas feiner, heller Sand rieselt auf den Boden. Als der Teppich ganz ausgebreitet vor euch liegt, verspürt ihr große Lust, auf ihm Platz zu nehmen. *** Wie ihr auf dem Teppich sitzt, trommeln die vier Ecken des Teppichs vergnügt, und ob ihr es glaubt oder nicht, der Teppich beginnt zu schweben. *** Er gleitet ganz sanft dahin und euch überkommt ein wohliges Gefühl. *** Zunächst schwebt ihr auf dem Dachboden umher, aber schon bald wünscht ihr euch auf dem Teppich ins Freie zu fliegen. *** Vorsichtig zupft ihr an der rechten vorderen Ecke des Teppichs und tatsächlich, der Teppich fliegt nach rechts zur offenen Dachluke hinaus. Die Seiten des Teppichs sind leicht hochgeschlagen und bilden so eine kleine Sicherheitskante, damit ihr euch sicher fühlt und nicht runterpurzeln könnt. So gleitet ihr auf dem Teppich durch die Luft. Der Teppich ist ganz leicht zu steuern und ihr könnt mit ihm fliegen, wohin ihr wollt. *** Genießt das Gefühl sanft durch die Luft zu schweben. ***

Nun wird es Zeit für euch, wieder zurück zu fliegen. *** Der Teppich gleitet mit euch zurück in diesen Raum. *** Bleibt noch einen Augenblick liegen und spürt dem Gefühl nach, getragen zu werden." ***

Abschluss: Der Rückweg, S. 39

Am Lagerfeuer

Alter: ab 6 Jahren
Beginn: Reiseroute in die Fantasie S. 37

„Stellt euch vor, ihr sitzt mit euren Freunden am Lagerfeuer. *** Ihr sitzt schon lange so da, und das Feuer hat eine dicke Glutschicht entwickelt. *** Ihr schaut in die Glut und spürt die große Wärme, die von ihr ausgeht. *** Die Luft um euch ist frisch und riecht nach geräuchertem Holz. Ihr atmet tief ein und genießt den würzigen Duft. *** Ihr spürt die Wärme in euch und fühlt euch innerlich zufrieden. Rund um das Feuer sitzen eure Freunde. Stellt euch in Gedanken vor, wer da alles sitzt." ***

Abschluss: Der Rückweg, S. 39

Elfenmärchen

Alter: ab 6 Jahren
Beginn: Reiseroute in die Fantasie S. 37

„Alte Märchen berichten, dass schon lange vor den Menschen die Elfen auf der Erde lebten. Manche Märchen behaupten sogar, dass es die Elfen heute noch gibt. Und wenn wir im Wald spazieren gehen und uns die Bäume und Sträucher lange genug ansehen, dann entdecken wir versteckte Eingänge zu kleinen Behausungen, und wir können uns beinahe vorstellen, dass dort tatsächlich märchenhafte Wesen wohnen. Die Märchen erzählen weiter, dass die Elfen den Menschen helfen, wenn auch immer nur im Verborgenen.
Stellt euch vor, euch begegnet so eine Elfe. Was würdet ihr euch von ihr wünschen?. ***
Vielleicht geht euer Wunsch ja tatsächlich in Erfüllung." ***

Abschluss: Der Rückweg, S. 39

Anmerkung: Die außergewöhnliche Atmosphäre im Snoezelen-Raum eignet sich in besonderer Weise, um Kindern Bilderbücher, Geschichten und Märchen vorzulesen. Mit einfachsten Mitteln lässt sich der Raum thematisch zur Geschichte schmücken und vermittelt so die passende Stimmung.

Mit den Sinnen spazieren gehen – Wahrnehmen im Snoezelen-Raum

Bietet der Snoezelen-Raum zum einen Ruhe, Entspannung und Geborgenheit, so finden sich hier auch unterschiedliche Materialien für neue Sinneseindrücke.
So wie dem Säugling verschiedene Dinge zum Erkunden der Umwelt an sein Bettchen gehängt werden – ein Mobile zur Anregung des Sehens, eine Greifschnur zum taktilen Erkunden, eine Spieluhr zum Hören – so hält auch der Snoezelen-Raum für seine BesucherInnen einiges zum Staunen bereit.

Jan Hulsegge und Ad Verheul haben bereits in „Snoezelen, eine Andere Welt" praktische Tipps zur Herstellung von Snoezelen-Materialien für Menschen mit Behinderungen gegeben. In der Arbeit mit normal begabten Menschen, in Schule und Kindergarten, haben wir die Möglichkeit, diese Sinnesmaterialien mit den TeilnehmerInnen selbst zu gestalten, sie also in die Vorbereitungen mit einzubeziehen.

Was ist Wahrnehmung?

Wahrnehmung ist die sinngebende Verarbeitung von Sinnesreizen. Wir nehmen Reize aus der Umwelt mit unseren Sinnensorganen auf. Im Gehirn werden sie zugeordnet – wir nehmen wahr. Neurophysiologisch gesehen reift das Gehirn durch die verschiedenen Reize aus der Umwelt. Jede neue Erfahrung, die ein Kind macht, knüpft an Vorerfahrungen an und schafft im Gehirn eine neue Querverbindung. Nach Jean Piaget ist das der Beginn von Lernen.

Bekannt sind die fünf Sinne:
- Sehen (visuelle Wahrnehmung),
- Hören (auditive Wahrnehmung),
- Riechen (olfaktorische Wahrnehmung),
- Schmecken (gustatorische Wahrnehmung),
- Tasten (taktile Wahrnehmung).

Aber es gibt weitere frühe Wahrnehmungsbereiche, die das noch ungeborene Kind bereits im Mutterleib intensiv erfährt:
- der akustovibratorische Bereich (Hören wird durch fühlbare Schwingungen unterstützt),
- der vestibuläre Bereich (den Gleichgewichtssinn betreffend),
- der somatische Bereich (die Körperoberfläche betreffend), weil hier schon vor der Geburt Wahrnehmung stattfindet.

Kinder haben ein großes Bedürfnis, in diesen Wahrnehmungsbereichen Anregungen zu erfahren. Die frühen Wahrnehmungsbereiche sind für Kinder besonders wichtig, weil sie den ganzen Körper einbeziehen.

Methodik zur Wahrnehmung

Hugo Kükelhaus (1900 – 1984), ein Wegbereiter der Erlebnispädagogik, kritisierte an der etablierten Pädagogik, dass sie Lernen nur auf Wissensvermittlung und dessen Reproduktion reduziere. Diese einseitige Zielsetzung bewirke eine pädagogische Stilllegung des Körpers und der Sinne (vgl. Markus Dederich, Erleben – Erfahren – Begreifen).

Kinder erobern sich die Welt aber handelnd durch aktives Erkunden. Je mehr Sinne an einer neuen Erfahrung beteiligt sind, umso besser bleibt dieses Erlebnis im Gedächtnis haften, um so größer ist der „Lernerfolg". Kükelhaus entwickelte das „Erfahrungsfeld zur Entfaltung der Sinne" – oft eine Ergänzung von Snoezelen-Räumen im Freien, bei dem die BesucherInnen verschiedene physikalische Phänomene selbstständig ausprobieren, erleben und erfahren können. Dabei ist neben der Aktivität und Bewegung des Körpers die Aufmerksamkeit, die bewusste und konzentrierte Zuwendung zu dem Erfahrungsgegenstand Voraussetzung für Erfahrung (vgl. S. 108).

Vorbereitung und methodische Anregungen

Für die Entwicklung einer Methodik zur Wahrnehmung ist das Wissen darüber wichtig, dass Erfahrung nicht „pädagogisch" bewerkstelligt werden kann. Sie kann sich nur einstellen, wenn der Einzelne aktiv wird. Erfahrung kann man nicht vermitteln, Erfahrung muss man selber machen. Daraus folgt, dass PädagogInnen nicht Betreiber, Lenker, Macher von pädagogischen Prozessen sind, sondern unterstützende Begleiter, die Impulse und Anregungen geben und Situationen schaffen, in denen Kinder sich eigenaktiv mit der Außenwelt auseinandersetzen können.

Damit beim Snoezelen nichts schief geht, sind auch hier methodische Vorüberlegungen, die gute Vorbereitung der Begleitung, die passende, gezielte Auswahl des Angebotes an Sinnesreizen Voraussetzungen für eine erfolgreiche Gestaltung.

Weniger ist mehr!

Eine Grundidee der Begründer von Snoezelen ist, Sinnesreize isoliert anzubieten, d. h. nicht zu viele Reize auf einmal.

- Vorstellbar ist, dass zum Beispiel bei Snoezelen-Stunden zum Sehen ein neues Mobile hängt und eine große Greifschlange im Raum liegt. Mit beiden Elementen können sich die Kinder während der Entspannungsphase zufällig still beschäftigen. Die Objekte einige Zeit im Raum lassen, dann aber durch etwas Neues ersetzen.
- Vorstellbar ist auch, mehrere Materialien oder Übungen für einen Wahrnehmungsbereich isoliert anzubieten. So können wir beispielsweise einen Schaukeltag veranstalten. Die Kinder überlegen sich als Vorbereitung, was alles schaukelt, sammeln Dinge, bringen Luftmatratzen oder Ähnliches von Zuhause mit und überlegen sich Schaukelspiele.

Erlebnisse erst mal „setzen lassen"!

Während es sinnvoll ist, dass die Kinder sich dazu äußern, was sie während einer Fantasiereise oder beim Musikhören erlebt haben, kann die Reflexion nach solchen Wahrnehmungsübungen leicht aufgesetzt wirken. Die Begleitung sollte spontan Geäußertes von den Kindern aufgreifen, aber unbedingt vermeiden, ausgeleierte Sätze wie „Wie fühlst du

dich dabei?" in die Runde zu werfen. Gerade ältere Kinder und Jugendliche reagieren darauf mit großer Ablehnung.
Nach Kükelhaus soll nicht jedem Erlebten gleich ein Name gegeben werden.

Die Seele baumeln lassen und mit den Sinnen spazieren gehen.
In diesem Satz steckt die methodische Vorgehensweise im Snoezelen-Raum.

- An erster Stelle steht immer die Entspannung und Raumgewöhnung. Sind wir nicht in unserer Mitte, können wir uns auf neue Sinnerlebnisse nicht einlassen.
- Als Entspannungsphase können die TeilnehmerInnen einfach Entspannungsmusik hören oder eine Fantasiereise verfolgen.
- Als abschließende Handlung nach dem Wecken (S. 39) können die TeilnehmerInnen zum Beispiel gemeinsam eine der unten stehenden Gruppenübungen machen.

Die Auswahl der verschiedenen methodischen Elemente richtet sich ganz nach der zu begleitenden Gruppe und den persönlichen Vorlieben der Snoezelen-Begleitung. Wichtig ist, dass die Stunden vorher durchdacht und damit an die TeilnehmerInnen, die Gruppe und die Gesamtsituation angepasst sind!

Vestibuläre Wahrnehmung – Alles was schaukelt und schwindelig macht

Da die Mutter sich bewegt, sitzt oder steht, sich dreht oder geht, verändert sich ständig die Lage des noch ungeborenen Kindes im Mutterleib. Hier sammelt das Kind erste Wahrnehmungserfahrungen zur Raumlage.
Der vestibuläre Bereich ist für den Gleichgewichtssinn verantwortlich. Unser Gleichgewichtssinn ermöglicht uns das Gehen, Balancieren oder Fahrradfahren.
Schauen wir uns auf Spielplätzen um, so finden wir vor allem Spielgeräte, die die vestibuläre Wahrnehmung anregen: die Schaukel, die Rutsche oder das Karussell, um nur einige zu nennen. Unbewusst bieten Eltern ihrem Baby ganz viele Anregungsbeispiele für den vestibulären Bereich: Das Kind wird gewiegt und geschaukelt. Väter werfen die Kleinen in die Höhe und fangen sie wieder auf, was vom Kind mit einem Juchzer belohnt wird. Mit Kindern, die schon an der Hand gehen können, spielen wir „Engele flieg" oder nehmen sie an Arm und Bein und wirbeln sie als „Flugzeug" im Kreis herum. Auch „Hoppe, hoppe Reiter" und sonstige Kniereiterspiele gehören in diesen Bereich. Älteren Kindern bleibt das Bedürfnis nach Anregung im vestibulären Bereich erhalten, zum Beispiel, wenn sie sich an den Händen haltend schnell im Kreis drehen. Aber auch im Jugend- und Erwachsenenalter ist dieses Bedürfnis vorhanden. Denken wir nur an die ganzen Fahrgeschäfte eines Vergnügungsparks – von der Schiffschaukel, über die Achterbahn bis zum Kettenkarussell – oder an die Extremsportarten wie Bungeejumping und Wildwasserfahrten. Die klassischen Standardtänze erfüllen im Grunde ebenfalls das frühe Bedürfnis, gewiegt zu werden.

Auf hoher See – Bewegungsgeschichte auf dem Wasserbett

Das Wasserbett regt die vestibuläre Wahrnehmung besonders an. Auf dem Wasserbett verursacht jede Bewegung des Körpers kleine Wellen. Das Wasserbett kann auch durch Draufdrücken mit der Hand in Wellenbewegungen versetzt werden. Wir können auf dem Wasserbett einfach nur entspannen oder einer Geschichte zuhören und träumen.

Alter: ab 3 Jahren
Anzahl: max. 4 Kinder
Material: Wasserbett, Kuscheldecke
Einstieg: Entspannungsphase (vgl. S. 37)

Die Spielleitung kniet am Ende des Wasserbettes als „Steuermann" auf hoher See, sie versetzt das Wasserbett entsprechend ihrer Geschichte entweder mit dem Handrücken leicht in Schwingung oder mit den Knien abwechselnd wippend bis „Orkanstärke 12". Dazu erzählt sie die folgende Geschichte (nicht vom Buch ablesen, sondern selbst improvisieren, sonst kann man keinen vollen Körpereinsatz bringen).

„Stellt euch vor, ihr seid in einem alten Kahn auf hoher See. Das Meer ist ruhig und der Kahn dümpelt sachte vor sich hin.
Mit den Händen abwechselnd links und rechts des Körpers leicht ins Wasserbett drücken.

Es gibt bei ruhiger See nichts zu tun und so liegt ihr faul an Deck und lasst euch die Sonne auf den Bauch scheinen. Ab und zu erreicht eine höhere Welle den Bug des Schiffes.
Mit den Händen gleichzeitig rechts und links auf das Bettende drücken.

Dann ist die See wieder ruhig und das Schiff wird sanft gewiegt.
Mit den Händen rechts und links abwechselnd leicht auf das Wasserbett drücken.

Eine leichte Windbrise kommt auf und das Schiff wird von den Bugwellen spürbar mehr vorangetrieben.
Mit beiden Händen gleichzeitig in kürzeren Abständen auf das Bett drücken.

Das Schiff kommt in Fahrt und ihr freut euch, dass die Flaute zu Ende ist. Ihr genießt die schnellere Fahrt des Schiffes. ***
Mit den Händen gleichzeitig in kürzeren Abständen auf das Bettende drücken.

Erste dunkle Wolken zeigen sich am Himmel, wahrscheinlich kommt Sturm auf. Die Wellen werden immer höher und kommen jetzt von allen Seiten.
Mit den Händen abwechselnd und kräftig rechts und links schaukeln, dann wieder gleichzeitig auf das Bettende drücken.

Immer höher werden die Wellen. Ihr begebt euch zur Sicherheit unter Deck und zieht eure Decke über den Kopf. *** Die Wellen treten über den Bug.
Mit vollem Körpereinsatz die Kinder auf dem Bett durchschütteln.

Der Kahn beginnt bedrohlich zu wanken.
Rechts und links der Kinder Wellenbewegungen verursachen.

Die Schiffsbesatzung wird im Rumpf des Schiffes durcheinander gewirbelt. *** Tische und Stühle unter Deck werden hin und her geschoben.
Wild das Bett in Schwingung versetzen.

Die Schiffsbesatzung klammert sich aneinander. *** Hei, ist das ein Sturm! *** Aber bald habt ihr das Schlimmste überstanden. *** Zwar toben die Wellen noch, doch langsam lässt der Sturm nach.
Mit den Bewegungen sachter werden

Ah, der Sturm ist zu Ende. Die Schiffsbesatzung lugt unter Deck hervor. *** Alles klar! Ihr könnt wieder an Deck kommen. Der Sturm ist vorbei." ***

Abschluss: Der Rückweg, S. 39

Variante mit Luftmatratze

Material: Für 3 Kinder jeweils 1 Luftmatratze, weiche Polster als zusätzliche Unterlage

Ein Kind legt sich auf die Luftmatratze, zwei andere schaukeln das Kind zur oben stehenden Geschichte. Die Schaukelkinder halten die Luftmatratze an Kopf- und Fußende fest und machen je nach „Wetterlage" sanfte oder heftigere Bewegungen. Die Geschichte sollte etwas verkürzt werden, damit nacheinander auch die beiden Schaukelkinder in den Genuss kommen, geschaukelt zu werden.

Sich getragen fühlen

Alter: ab 8 Jahren
Anzahl: mind. 11 Kinder

Ein Kind legt sich in Rückenlage auf die Bodenmatte und schließt die Augen. Die anderen stellen sich so auf, dass sich jeweils zwei Kinder an den Füßen, an den Waden, am Po (schwerste Stelle!), am Rücken und an Kopf und Schultern gegenüber stehen. Gemeinsam knien sich die Tragekinder zum Wiegekind. Sie geben sich unter dem liegenden Kind paarweise die Hand.
Auf ein vereinbartes Zeichen gehen sie langsam mit dem Kind in die Höhe. **Wichtig:** Nicht dabei sprechen, denn das stört das Wiegekind beim Entspannen!
Stehen alle sicher, beginnt die Spielleitung, ein einfaches, immer wiederkehrendes Wiegenlied zu summen.
Die Tragekinder summen mit und wiegen dabei das Wiegekind sanft zur Melodie hin und her.
Endet das Wiegenlied, beenden die Tragekinder das Wiegen, gehen behutsam wieder in die Hocke und legen das Wiegekind sanft auf die Unterlage. Die Hände lassen sie noch einen Moment unter dem Kind und ziehen sie erst dann vorsichtig hervor.
Das Wiegekind darf noch einen Moment nachspüren, dann öffnet es die Augen und nimmt wieder Kontakt zur Gruppe auf.

Variante: Aufzug fahren

Alter: ab 8 Jahren
Anzahl: mind. 11 Kinder

Wenn die Gruppe das Tragen von Kindern sicher beherrscht, dann können die Wiegekinder auch „Aufzug fahren" mit der Gruppe.
Die Vorbereitung läuft wie oben beschrieben. Die sich gegenüberstehenden Tragekinder halten sich diesmal nicht an den Händen, sondern legen ihre Hände direkt unter das Wiegekind. Auf ein Zeichen heben sie das Kind in die Höhe.
Stehen die Tragekinder sicher mit dem Wiegekind, strecken sie die Hände mit dem Wiegekind zur Decke.
Haben sie den höchsten Tragepunkt erreicht, kann die Tragegruppe sogar mit dem Wiegekind im Raum spazieren gehen.
Abschließend mit dem „Aufzug" langsam wieder nach unten fahren und die Übung wie oben beschrieben ausklingen lassen.

Sich aufgefangen fühlen

Alter: ab 8 Jahren
Anzahl: mind. 11 Kinder
Material: ein Turnkasten oder ein ähnlich hohes Möbel mit sicherem Stand

Ein Kind stellt sich auf den Kasten. Die anderen stellen sich einander gegenüber auf und bilden zum Kasten hin eine enge Gasse. Sie halten sich paarweise fest an den Händen.
Wenn sie sicher stehen, lässt sich das Kind von oben auf die Trägergasse fallen und wird sicher aufgefangen.
Der Reihe nach dürfen alle einmal die „Mutprobe" bestehen.

Fühlen sich die Kinder sicher im Fallen und im Auffangen, können sie mit dieser Übung spektakuläre Sprünge von einer Bühne ins Publikum inszenieren!

Pendel

Alter: ab 8 Jahren
Anzahl: mind. 9 Kinder

Ein Kind (das Pendel) steht in der Mitte. Die anderen bilden um das Kind einen engen Kreis und achten auf einen sicheren Stand: ein Fuß steht zur Kreismitte, der andere Fuß etwas weiter hinten (Ausfallschritt).
Das Kind in der Mitte steht mit beiden Füßen, geschlossenen Beinen und vor der Brust verschränkten Armen in der Kreismitte und schließt die Augen.
Die Spielleitung hält das Pendel nun mit beiden Händen an der Schulter und stößt es sacht zum gegenüberliegenden Pendelfänger. Dabei muss das Pendel steckensteif bleiben und mit den Füßen auf der Stelle stehen bleiben.
Der Pendelfänger fängt das Pendel an den Schultern auf und stößt es sacht zu einem Pendelfänger seiner Wahl weiter.
Die Gruppe lässt das Pendel hin und her schwingen oder reicht es im Kreis weiter.
Zum Schluss stellt die Spielleitung das Pendel wieder sicher in die Mitte und ein anderes Kind darf Pendel sein. Freiwillige vor!

Partnerkarussell

Zum Wecken nach der Entspannungsphase im Snoezelen-Raum

Alter: ab 4 Jahren

Die Kinder fassen sich paarweise mit sicherem Griff an den Händen, stellen ihre Füße nach innen (siehe Pendel), strecken die Arme, lassen sich mit steifem Körper etwas nach hinten fallen und drehen sich schnell im Kreis herum. Das ist der beste Schwindeligmacher!

Schunkelrunde

Zum Wecken nach einer Entspannungsphase

Alter: ab 3 Jahren
Musik: Walzermusik nach Wahl

Die Kinder haken sich auf dem Boden sitzend mit den Ellenbogen ein und schunkeln gemeinsam.
Die Spielleitung sagt verschiedene Schunkelvariationen an oder geht auf entsprechende Vorschläge der Kinder ein:
- Sitzend links und rechts wiegen
- Vor und zurück wiegen
- Stehend links und rechts wiegen
- vor und zurück wiegen
- die Hände auf die Schultern des rechten Nachbarn legen, vor und zurück wiegen
- die Richtung wechseln
- seitlich unterhaken, gemeinsam in die Knie gehen und wieder zum Stehen kommen.

Nach so einer Schunkelrunde sind die Snoezeler wieder fit für den Tag!

Partnerschaukel zu dritt

Alter: ab 5 Jahren

Die Kinder gehen zu dritt zusammen. Zwei Kinder halten sich an den Händen; sie sind die Schaukel. Das dritte Kind setzt sich auf die Hände (Schaukelbrett) der beiden anderen und hält sich an den Schultern der beiden fest. Die „Schaukel" schwingt das Kind in der Mitte hin und her. Nach einer Weile wird gewechselt.

Lebende Hängematte

Alter: ab 5 Jahren
Anzahl: mind. 7 Kinder
Material: eine Decke, als Unterlage Bodenmatten

Ein Kind legt sich auf die Decke. Die anderen verteilen sich um die Decke (je drei auf einer Längsseite der Decke) und halten diese an den Rändern und Zipfeln fest. Gleichzeitig heben sie die Decke an und wiegen das Kind in der Hängematte nach links und nach rechts.

Purzelzwerge

Alter: ab 3 Jahren
Material: eine schräge Ebene mit weicher Polsterung (Sprossenwand, Turnbänke, Bodenmatten oder nach vorhandenen Möglichkeiten improvisieren)

Ganz wie die kleinen Vorbilder aus Filz mit einer Murmel im Kopf purzeln die Kinder die schräge Ebene herunter. Dabei rollen sie aber nicht über den Kopf, sondern legen sich zum Purzeln in Seitenlage.

Schaukeltonne

Alter: ab 3 Jahren
Material: Tonnen aus Plastik, die oben und unten geöffnet sind

Ein Kind legt sich in die Tonne, zwei andere rollen das Kind im Raum umher. Danach wird gewechselt.

Schaukelmatte

Alter: ab 3 Jahren
Material: eine Bodenmatte

Ein Kind wird in die Bodenmatte gewickelt und von den anderen herumgerollt. Nicht zu wild rollen, damit das gerollte Kind sich nicht wehtut.

Somatische Wahrnehmung – Zuwendung über die Haut

Die Haut ist das größte Sinnesorgan des Körpers. Im Mutterleib nimmt das noch ungeborene Kind Temperatur, Berührung, Schmerz, Vibration und Druck wahr. Dicht unter der Haut sitzen die Tastkörperchen. Wenn sie einen leichten Druck verspüren, also die Haut berührt wird, erzeugen sie ein winziges elektrisches Signal, das über die Nervenbahnen zum Gehirn geleitet wird. Dort wird der Sinnesreiz verarbeitet, das Gehirn erkennt sofort, wie stark die Berührung ist und von welcher Stelle des Körpers das Signal kommt. Eine stärkere Berührung empfinden wir als Druck, einen sehr starken Druck als Schmerz.

Das Kind im Mutterleib nimmt über die Haut das Fruchtwasser, Temperatur und Druck wahr. Wir sprechen von der somatischen Wahrnehmung.

Zur somatischen Wahrnehmung gehört das Baden bei angenehmer Wassertemperatur, das Abfrottieren, das Eincremen und Massieren.
Für Erwachsene hat sich in den letzten Jahren ein ganzes „Wellness-Programm" entwickelt. In Erlebnisbädern können wir die somatische Wahrnehmung in Whirlpools und mit verschiedenen Massagedüsen genießen, im Solarium spüren wir die Wärme auf der Haut und bei der anschließenden Massage erhalten wir angenehme Erfahrungen im somatischen Bereich. So richtig wohl fühlen wir uns bei „Sonne, Sand und Meer".
Für die somatische Wahrnehmung eignen sich im Snoezelen-Raum alle weichen Unterlagen, das Wasserbett und das Bällchenbad.

Spiele im Bällchenbad

Alter: beliebig
Anzahl: max. 5 gleichzeitig
Material: Bällchenbad

Anregungen für das Spiel im Bällchenbad:
- Sich ins Bällchenbad legen und ausprobieren, wie sich die Bällchen bei Lageveränderung auf dem Körper anfühlen.
- Sich gegenseitig im Bällchenbad eingraben.
- Ein Kind lässt sich von einem anderen durch das Bällchenbad ziehen.
- Einzelne Bällchen an die Wand werfen – dies entwickelt sich in aller Regel zu einer ausgelassenen Bällchenschlacht. Die Bällchen am Ende wieder einsammeln!
- Die Spielleitung vergräbt im Bällchenbad einen „Schatz", der anschließend von den Kindern gesucht wird.

Partnerübungen

Gerade unruhige Kinder brauchen Berührung. Das vermittelt ihnen Halt und Sicherheit. Die Kinder spüren die Begrenzung ihres Körpers; sie werden durch Berührung „geerdet". Trösten wir ein Kind, legen wir ihm den Arm um und bieten ihm so Schutz und Geborgenheit durch eine ganzheitliche Körpererfahrung. Die Kinder können sich gegenseitig über Berührung Zuwendung geben. Dazu eignen sich Fantasiegeschichten, die mit den Fingern auf dem Rücken des Partners erzählt werden.

Kuchenbacken

Alter: beliebig
Material: Bodenmatten

Die Spielleitung spricht den folgenden Text frei und greift dabei Ideen der Kinder auf. Sie macht die Übungen einmal mit einem Kind vor, damit die Kinder die Geschichte besser in Bewegung umsetzen können.

„Wir wollen heute Kuchen backen. Geht in Paaren zusammen. Ein Kind wird zum Backbrett, es legt sich bäuchlings auf die Matte. Das andere Kind wird zum Kuchenbäcker. Da ein Backbrett nicht reden kann, sind die liegenden Kinder ganz ruhig und schließen am besten die Augen. Die Kuchenbäcker legen ihre Hände auf den Rücken ihres Backbrettes.
Was braucht man denn alles, um einen Kuchen zu backen?
Ideen der Kinder aufgreifen.
Zuerst schütten wir das Mehl auf das Backbrett.
Die Kuchenbäcker streifen mit den Händen über den Rücken des Partners.
Nun schlagen wir drei Eier auf.
Die Kuchenbäcker bilden mit der rechten Hand eine Eiform und schlagen das Ei mit den Fingerspitzen imaginär auf dem Backbrett auf. Danach streichen sie die Fingerkuppen auseinander, als würde sich das Ei nun auf dem Backbrett ausbreiten.
Was braucht man noch für einen Kuchen? Butter.
Imaginäre Butter aus der Folie auspacken, mit imaginärem Messer bzw. dem Handrücken auf dem Backbrett in kleine Stücke zerteilen
Diese müssen wir gut unter den Teig kneten
Mit kräftigen Massagebewegungen den imaginären Teig verkneten.
Was brauchen wir noch? Rosinen,
Eine imaginäre Tüte aufreißen und mit den Fingerkuppen auf den Rücken trommeln, so, als würden ganz viele Rosinen in den Teig purzeln
und Nüsse.
Wie Rosinen purzeln lassen.
Wir verkneten alles wieder tüchtig.
Kräftige Massagebewegungen, s. o.
Oh – der Teig ist zu zäh, da schütten wir noch ein wenig Milch darüber.
Mit der Handkante über den Rücken streifen.
Dann kneten wir nach und nach alle weiteren Zutaten unter. Was fehlt denn noch?
Die Kuchenbäcker nennen weitere Zutaten, die sie je nach Beschaffenheit wie oben beschrieben unterkneten.
Ist der Teig fertig, formen wir einen runden Teigkloß und wellen ihn aus.
Die Kinder deuten mit beiden Händen das Formen an und streichen den Rücken nach allen Seiten aus.
Nun schieben wir das Backblech in den Ofen und backen unseren Kuchen bei 200°.
Die Kinder legen ihre Hände auf den Rücken des Partners und belassen sie dort, dadurch entsteht tatsächlich Wärme.
Die liegenden Kinder bestimmen durch lautes Klingelzeichen, wann der Kuchen fertig gebacken ist.
Danach die Rollen tauschen.

Päckchen packen

Alter: beliebig
Material: Bodenmatten als Unterlage

Die Kinder gehen paarweise zusammen. Ein Kind wird zum Päckchen, es legt sich mit dem Rücken auf die Bodenmatte. Das andere Kind wird zum Päckchenpacker. Das Päckchen schließt die Augen.
Die Spielleitung spricht unten stehenden Text frei und greift Ideen der Kinder auf. Sie packt ebenfalls ein imaginäres Päckchen, damit die Kinder die Bewegungen leichter nachvollziehen können.

„Heute pack ich ein Päckchen für meinen Freund.
mit den Händen Rumpf und Beine des liegenden Kindes zusammenfalten
Zuerst muss ich das Päckchen aber gut verschnüren.
den Kopf des Kindes auf die Knie legen und den ganzen Körper des Kindes fest zusammendrücken
Mit ein paar Klebestreifen klebe ich das Päckchen zu.
mit Zeigefinger und Daumenkuppe über den Körper des Kindes streifen
Mit einem Kuli schreibe ich die Adresse meines Freundes auf das Päckchen.
mit dem Zeigefinger Name und Adresse des Päckchenkindes aufschreiben, NichtschreiberInnen tun nur so, als ob
Noch eine Briefmarke draufkleben –
mit dem Daumen auf das Päckchenkind drücken
und schon kann ich das Päckchen zur Post bringen.
mit beiden Armen das Päckchenkind fest umklammern und hin und her wiegen
Auf der Post angelangt, hieve ich das Paket auf den Postschalter.
mit beiden Händen das Päckchen leicht anheben und wieder auf die Matte sinken lassen
„Oje, ist das ein schweres Päckchen", stöhnt der Postbeamte. „Ich will es mal gleich in den großen Postsack geben."
das Päckchenkind wieder leicht anheben und wieder senken
Da kommt der Postausfahrer, er schnappt sich den Sack und bringt ihn zu seinem Postauto.
das Kind mit beiden Armen gut durchrütteln
Der Postzusteller lässt den Motor an und los geht es in wilder Fahrt. Erst fährt der Postfahrer nach rechts,
Päckchenkind nach rechts neigen
dann nach links,
Päckchenkind nach links neigen
über einige Schlaglöcher.
Päckchenkind tüchtig durchrütteln
Oh, eine rote Ampel! – Vollbremsung!
Päckchenkind auf den eigenen Schoß hieven und wieder auf die Matte sinken lassen
Ah, da vorne ist das Haus! Hier halte ich mal an.
mit beiden Armen das Päckchenkind wieder zu sich herziehen und zur Ausgangsposition zurück kommen
So, jetzt trage ich das Päckchen zum Haus, die Stufen hoch bis zur Eingangstüre.
das Päckchenkind wieder gut durchschütteln
Ah, endlich geschafft, nun noch an der Türe geklingelt: „Guten Tag ich habe hier ein Päckchen für Sie!" Da freut sich der Freund aber sehr. Aufgeregt packt er das Päckchen wieder aus.
das Päckchenkind wieder auseinander falten
Und wie der Freund sieht, was in dem Päckchen ist,
Kopf des Päckchenkindes in beide Hände nehmen
da ruft er laut: „Mein Gott hab ich ein schönes Päckchen bekommen!"
Danach können die Rollen getauscht werden.

Zaubershampoo

Alter: beliebig

Die Kinder gehen zu zweit zusammen. Ein Kind ist Frisör, das andere Kunde. Der Kunde sitzt mit dem Rücken zum Frisör.
Der Frisör kniet hinter dem Kunden und beginnt imaginär die Haare zu waschen (den Kopf des Kundenkindes mit kreisenden Bewegungen der Fingerkuppen massieren). Das Zaubershampoo in die Haare gut einmassieren, denn überall wo es war, fühlt sich der Kunde erfrischt und entspannt.

Trockendusche

Alter: beliebig

Die Kinder bilden Paare. Sie stellen sich einander gegenüber.
Ein Kind beginnt, das andere „einzuseifen": Es führt mit den Händen eine imaginäre Seife mit kreisenden Bewegungen über den ganzen Körper.
Begonnen wird dabei am linken Arm von den Fingerspitzen bis zur Schulter.
Danach wird der rechte Arm entsprechend „eingeseift".
Alsdann wird der Rücken „gewaschen", der Po und zum Schluss das linke und das rechte Bein.
Eine leichte „Haarwäsche" darf natürlich auch nicht fehlen, hierbei wird die Kopfhaut leicht massiert.
Ist das Kind fertig eingeseift, wäscht es selbst den imaginären Schaum ab, es streift sich die Seife vom Körper: von den Armen, dem Po, den Beinen und dem Kopf. Anschließend wechseln die Kinder die Rollen.

Partnermassage mit Igelbällen

Alter: beliebig
Material: pro Paar ein Igelball, Bodenmatte

Ein Kind legt sich bäuchlings auf die Bodenmatte. Das andere lässt den Igelball mit leichtem Druck der Hand erst auf dem Rücken des Kindes und dann Arme und Beine entlang rollen.
Nach einer Weile die Rollen tauschen.

Bilder malen auf den Rücken

Alter: ab 4 Jahren

Jeweils zwei Kinder sitzen hintereinander auf dem Boden. Das hintere Kind denkt sich ein einfaches Motiv aus (Sonne, Haus, Blume o. Ä.) und malt dies mit dem Finger deutlich auf den Rücken. Das vordere Kind rät, was das sein könnte.
Ältere Kinder können auch Buchstaben oder Zahlen malen.

Wetterbericht auf dem Rücken

Alter: beliebig

Ein Kind legt sich bäuchlings auf die Bodenmatte, es wird zur „Wetterkarte". Das andere Kind kniet sich daneben auf den Boden und setzt den „Wetterbericht" der Spielleitung mit den Fingern auf dem Rücken der „Wetterkarte" um. Die Spielleitung erzählt unten stehende „Wetteransage" frei nach.

„Meine sehr verehrten Damen und Herren. Hören Sie nun den Wetterbericht für den morgigen Tag: Nachdem sich die Frühnebel gelichtet haben,

mit der Hand über den Rückenstreichen

erwartet uns zunächst ein heißer Tag mit viel Sonnenschein.

beide Hände auf den Rücken des Kindes legen und wärmen

Am Mittag ziehen einige Quellwölkchen auf.

mit den Händen kreuz und quer über den Rücken streichen

Gebietsweise kann es zu vereinzelten Schauern kommen.

mit den Fingerkuppen an verschiedenen Stelle des Körpers sachte trommeln

Im Norden kann es vereinzelt Wärmegewitter geben, mit Blitzschlag und Donnergrollen.

mit dem Zeigefinger Blitze auf den Rücken malen und mit den Fäusten sachte (!) auf den Rücken trommeln

Wenn sich die örtlichen Gewitter wieder verzogen haben, scheint die Sonne bis zum späten Abend.

beide Hände wieder auf den Rücken des Partners legen und noch einen Moment so verweilen

Abklopfen

Diese Partnerübung eignet sich gut, um nach der Entspannung die Lebensgeister wieder zu wecken.

Alter: ab 4 Jahren

Ein Kind stellt sich in eine bequeme Grundposition (die Beine parallel und beckenbreit auseinander) und lässt Kopf, Schultern, Rumpf und Arme locker nach vorne hängen. Das andere Kind klopft sachte den ganzen Körper des Kindes ab: zuerst den Kopf, dann den Rücken, die beiden Arme nacheinander von der Schulter bis in die Fingerspitzen, dann nacheinander die Beine bis zur Fußspitze.
Danach tauschen beide die Rollen.
Sind alle einmal abgeklopft, streicht jeder für sich überflüssige Energie aus:

- Die rechte Hand streicht von der Schulter bis zu den Fingerspitzen am Arm entlang, danach die überflüssige Energie mit der Hand kräftig nach unten ausschütteln.
- Die linke Hand streicht in gleicher Weise über den rechten Arm und wird ebenfalls kräftig ausgeschüttelt.
- Mit beiden Händen zuerst das linke Bein von oben nach unten ausstreichen und die Hände danach ausschütteln.
- Nun das rechte Bein auf die gleiche Weise ausstreichen.
- Zum Schluss mit allen Fingern tüchtig durchs Kopfhaar fahren und die überflüssige Energie bis in die Haarspitzen ausstreichen und abschütteln.

Nach dieser Prozedur fühlt sich jeder wie die Luft nach einem Gewitter: wieder frisch und munter.

Spiele in der Gruppe

Autowaschanlage

Alter: beliebig
Anzahl: mind. 11 Kinder

Die Kinder stehen sich in zwei Reihen gegenüber. Die so gebildete Gasse ist die Autowaschanlage. Die Kinder überlegen sich, wie so eine Waschanlage aufgebaut ist (Ideen der Kinder aufgreifen). Die Autowaschanlage entspricht modernster Technik, denn sie kann sich mit ihrem Waschprogramm individuell auf jeden Fahrzeugtyp einstellen.

Ein Kind stellt sich vor die Waschanlage, sagt, welchen Fahrzeugtyp es verkörpert, und geht langsam durch die Gasse.

- Die ersten Kinder beträufeln das Auto mit Wasser. *(Mit den Fingerkuppen auf das Kind trommeln.)*
- Die folgenden Kinder schäumen das Auto mit Seife ein *(Das Autokind mit kreisenden Waschbewegungen imaginär waschen.)*
- Das Kind durchläuft zwei Waschwalzen. *(Zwei Kinder der Waschanlage, die sich gegenüberstehen, stellen sich seitlich so zueinander, dass das Autokind sachte zwischen ihnen durchfahren muss, dabei rollen die Walzenkinder am Kind vorbei.)*
- Das Auto wird nun getrocknet. *(Die nächsten Kinder der Waschstraße streifen von Kopf bis Fuß an der Körperseite entlang.)*
- Nun wird das Auto noch gewachst *(mit den Fingerkuppen trommeln)*
- und poliert. *(Kreisrunde Bewegungen an der Körperseite des Autokindes.)*

Ist das erste Auto gewaschen, reiht sich das Autokind in die Gasse ein und wird Waschanlage. An der anderen Seite der Waschstraße wird nun das nächste Kind zum Auto. So geht es immer weiter, bis alle Autos durch die Waschstraße gefahren sind.

Förderband

Alter: ab 4 Jahren
Anzahl: mind. 5 Kinder

Die Kinder liegen in einer Reihe auf dem Bauch und bilden so ein Förderband. Das letzte Kind in der Reihe wird zum Koffer und von der Spielleitung auf das Förderband gelegt. Dabei darauf achten, dass das Kind die Arme ausstreckt, sonst verletzt es die anderen mit den Ellenbogen.
Die unten liegenden Kinder drehen sich nun alle über die linke Schulter auf den Rücken und weiter wieder auf den Bauch. So kommt das Förderband in Bewegung und das Päckchen rollt automatisch auf dem Förderband weiter bis zum ersten Kind.
Dort legt es sich vor das erste Kind und wird so auch zum Förderband. Das nächste Kind am Ende wird zum Päckchen und auf die gleiche Weise von den Kindern „befördert“. Das Förderband läuft so lange, bis alle Kinder einmal Päckchen waren.

Akusto-vibratorische Wahrnehmung – Töne fühlen können

Bereits im Mutterleib kann ein Kind schon Geräusche wahrnehmen. Den Herzschlag der Mutter, den Atemrhythmus, Verdauungsgeräusche, die Stimme der Mutter, aber auch Geräusche, Musik und Lärm aus der Umgebung. Unterstützt wird das Hören durch die dadurch entstehenden Schwingungen des Fruchtwassers. Diese frühe Wahrnehmung heißt Akustovibratorische Wahrnehmung, weil die Akustik durch fühlbare Schwingungen übertragen wird. Akustik ist die Lehre von Schallwellen.

Klangdusche

Alter: beliebig
Material: ein Schlagzeugbecken und ein Schlägel

Ein Kind setzt sich auf den Boden. Ein anderes hält das Becken über den Kopf des Kindes (etwas Abstand wahren, damit sich das Kind nicht den Kopf anschlägt).
Schlägt das stehende Kind nun mit dem Schlägel auf den Beckenrand, kann das sitzende Kind den Schall wie unter einer Dusche am ganzen Körper spüren.

Der Klangtisch

Am besten sind die Schallwellen auf einem Musikwasserbett zu fühlen. (vgl. S. 17) Ist kein solches Bett vorhanden, behelfen wir uns mit einem Holztisch und Lautsprecherboxen.

Alter: beliebig
Material: Holztisch, Kassettenrekorder oder CD-Player, Tonträger nach eigener Wahl, externe Lautsprecherboxen

Ein Kind legt sich auf den Holztisch mit dem Ohr auf die Tischplatte. Zwei Kinder halten die Lautsprecherboxen direkt unter die Tischplatte. Ertönt Musik, überträgt sich diese als Schallwellen auf die Tischplatte. Das Kind auf dem Tisch kann die Töne durch die Schwingung am ganzen Körper wahrnehmen.

Der Brustkorb als Vibrationskasten

Alter: beliebig

Wir können die fühlbaren Schwingungen auch am eigenen Körper spüren.
Wir legen hierzu die flache Hand auf den Brustkorb. Summen wir mit der eigenen Stimme, spüren wir die Vibration in der Handinnenfläche.

Hören wie die Babys

Alter: beliebig

Ein Kind legt sein Ohr auf den Bauch eines anderen Kindes. Es kann die Herztöne und Verdauungsgeräusche des anderen hören.

Töne sichtbar machen

Alter: beliebig
Material: Lichtorgel, Mikrofon

Mit Hilfe einer Lichtorgel und angeschlossenem Mikrofon können wir Töne sichtbar machen. Die Lichter der Anlage gehen immer an, wenn wir in das Mikrofon sprechen oder summen.

Auditive Wahrnehmung – Ungewöhnliche Hörerlebnisse

Über das auditive System können wir Töne, Geräusche und Klänge wahrnehmen bzw. unterscheiden. Das auditive System hat grundlegende Funktion für die menschliche Kommunikation. Es ist die Voraussetzung für die Entwicklung von Sprache.

Das Ohr ist eines der kompliziertesten Organe des Körpers. Es kann ganz leise Töne wahrnehmen, aber auch ganz starken Schallwellen widerstehen (z.B. Presslufthammer). Es kann selektieren, (z. B. aus einem Chor eine Stimme heraushören). Es kann die Entfernung von Geräuschen wahrnehmen, auch die Bewegung von Schallquellen (z. B. vorbeifahrender Zug).

Das Ohr besteht aus drei Abschnitten:
1. dem äußeren Ohr mit Ohrmuschel, Gehörgang und Trommelfell,
2. dem mit Luft gefüllten Mittelohr (Paukehöhle), welches durch die Brücke der Gehörknöchelchen den Schall weiterleitet
3. dem mit Flüssigkeit gefüllten Innenohr mit der Schnecke, dem eigentlichen Hörorgan.

Das äußere Ohr fängt den Schall mit der Ohrmuschel auf und leitet ihn über den Gehörgang an das Trommelfell. Das Trommelfell ist ein kleines Häutchen, das den äußeren Gehörgang abschließt. An ihm sitzen die Gehörknöchelchen, die den Raum zwischen äußerem Ohr und Innenohr überbrücken.

Wenn ein Schall ertönt, gerät zunächst die Luft und dann das Trommelfell in Schwingungen. Diese Schwingungen werden über die Kette der Gehörknöchelchen an das Innenohr weitergeleitet. Hier befindet sich das Zentrum des Hörorgans – die Schnecke. Auf ihr sind die Sinneszellen angeordnet. Sie leiten die wahrgenommenen akustischen Reize über den Hörnerv zu den entsprechenden Zentren des Gehirns weiter.

Für ein erfolgreiches Hören muss sich ein Kind auf das Gehörte konzentrieren können. Es muss unter vielen Geräuschen eines herauslösen können. Es muss die Richtung, aus der das Geräusch kommt, ausfindig machen können und es muss Ähnlichkeiten und Unterschiede zwischen Lauten und Tönen herausfinden und sicher zuordnen können. Das ist wichtig für die Sprachbildung.

Strömen zu viele akustische Reize auf das Gehör ein, stellt das Ohr auf „Durchzug". Zum Beispiel wird ein permanent plärrendes Radio zum Klangteppich, die einzelnen Töne sind für das Ohr nicht mehr interessant.

Methodische Hinweise

Im Snoezelen-Raum haben wir die Möglichkeit, durch ungewöhnliche Hörerlebnisse die Kinder zu bewegen, die „Ohren zu spitzen", die auditive Wahrnehmung zu sensibilisieren.

- **Vorbereitende Übungen**

Die Kinder schließen die Augen und hören, was sie im Moment an Geräuschen aus der unmittelbaren Umgebung wahrnehmen. Haben die Kinder reihum berichtet, was sie gehört haben, kann ein Fenster geöffnet werden, und gemeinsam lauschen alle, ob und welche neuen Geräusche sie von draußen wahrnehmen.

- **Neugierde wecken**

Wenn wir ungewöhnliche Instrumente verwenden, ist schnell die Neugierde geweckt. Es ist eine Herausforderung, diesen Instrumenten Klänge, Töne und Geräusche zu entlocken.

- **Hörerlebnisse durch Stilleübungen**

Um die neuen Instrumente kennen zu lernen, eignen sich als methodische Hilfen Stilleübungen (vgl. S. 30). Methodisch wichtig ist dabei, dass nach jedem akustischen Reiz erst mal wieder Stille herrscht, das ist für die Figur-Grund-Wahrnehmung von Bedeutung, d.h. einzelne Hörerlebnisse heben sich deutlich von der Stille ab.

- **Vertonte Fantasiereisen**

Um das Vorstellungsvermögen zu wecken und zu einer feineren Wahrnehmung zu kommen, können mit Instrumenten, die Naturgeräusche imitieren oder sphärische Klänge verursachen, Fantasiereisen (vgl. S. 35) vertont werden.
In einem weiteren Schritt kann so ein eigenes Hörspiel entstehen: Wird eine Fantasiereise vorgelesen, die Geschichte mit selbst gemachten Tönen und Klängen unterlegt, dies alles auf eine Kassette aufgenommen und dann beim nächsten Besuch des Snoezelen-Raumes gemeinsam gehört, dann haben die TeilnehmerInnen handelnd mit Eigenaktivität ihre auditive Wahrnehmung geschärft.

Instrumente für Naturgeräusche und sphärische Klänge

Verwenden wir beim Snoezelen Instrumente, die Naturgeräusche und sphärische Klänge verursachen, ist die Fantasie nicht an eine Tonleiter gebunden. Die Instrumente können ohne viel Übung gleich gespielt werden. Es wurden solche Instrumente ausgewählt, die im Handel leicht erhältlich sind. Aber es lohnt sich immer die Augen und Ohren offen zu halten auf der Suche nach neuen Instrumenten.

Klangschale

Die Klangschalen kommen aus Indien, aus der Gegend um den Himalaja.
Durch unterschiedliche Größen, unterschiedliche Stärken der Schalenwand und unterschiedliche Metall-Zusammensetzungen hat jede Klangschale einen ganz eigenen Klang. Der Klang entsteht durch Anschlagen an die Innenseite oder Außenseite der Schalenwand mithilfe eines Klöppels. Die Metallmoleküle werden durch das Anschlagen in Schwingung versetzt.

Reiben wir mit den Fingen den Rand einer mit Wasser gefüllten Klangschale, breiten sich die Schwingungen nach allen Richtungen aus. Halten wir einen Finger in das Wasser, entsteht dort ein feines Wellenmuster. Die Schale kann auf der Hand gehalten werden, dabei muss die Handinnenfläche gespannt sein. Berühren wir die Klangschale mit den Fingern, sind die Schwingungen unterbrochen. Die Schale kann auch auf eine feste Unterlage gestellt werden oder auf ein schön verziertes Kissen. Helle Klänge entstehen, wenn wir mit dem Holzende des Klöppels anschlagen, dunkle Töne entstehen, wenn wir einen Teil des Klöppels mit einem Tuch umwickeln. Der Klang wird unterbrochen, wenn wir einen Finger fest auf den Schalenrand drücken.

Durch den Klang vibriert die Luft um die Schale herum. Diese vibrierende Schwingung ist in der Hand, im Arm und im ganzen Körper zu spüren. Diesen Schwingungen wird nachgesagt, dass sie eine positive Wirkung auf unseren Körper und Geist ausüben. So mögen sie zur Entspannung führen, innere Blockaden lösen und Atmung, Herz und Kreislauf positiv entspannend beeinflussen.

Mit Klangschalen können wir eine Übung einleiten, den Unterricht beginnen lassen, die Schale von Hand zu Hand weiterreichen lassen. Wir können damit aber auch eine Fantasiereise unterstützen. Die hellen Klänge dabei sparsamer einsetzen, weil die Geschichte sonst leicht zu hektisch wird. Helle Töne sind „Lichtpunkte" in der Geschichte. Dunkle Töne sind vielseitiger einsetzbar, sie gehen mehr in die Tiefe der Empfindungen.

Kalimba

Das Kalimba, ein Daumenklavier, kommt aus Afrika. Auf einem Holz sind schmale Metallblättchen angebracht. Schlägt man sie mit dem Daumen an, werden sie in Schwingung gebracht. Die darunter liegende Holzscheibe dient als Resonanzkörper und es entstehen wunderbar weiche Klänge. Halten wir es auf den Rücken eines Partners, so kann dieser die akustischen Schwingungen des Kalimbas auf dem Körper durch den Resonanzkörper spüren. Schlagen wir das Kalimba von der längsten Metallzunge in der Mitte aus erst nach rechts, zurück und dann über die Mitte aus nach links entsteht eine wunderschöne, sphärische Melodie, die sehr beruhigend wirkt und die wir endlos spielen könnten.

Das Kalimba lässt Assoziationen und Bilder entstehen, die uns träumen lassen, ähnlich einer Spieluhr aus der Kindheit. Mit ihm können wir an die Kindheit erinnern, an Engelsharfen u.s.w. Mit dem Kalimba lässt sich aber auch unsere Tonleiter spielen.

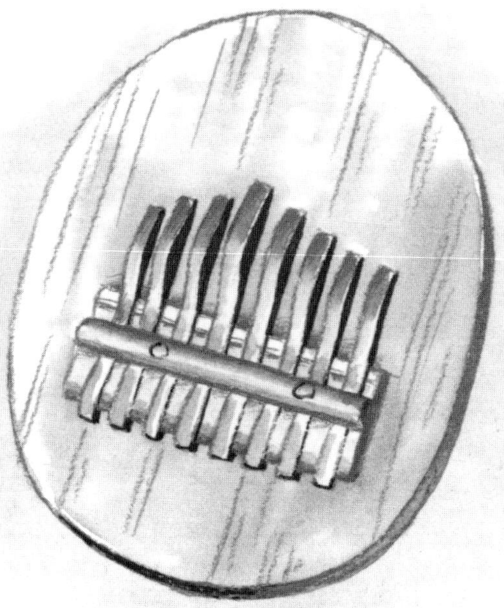
KALIMBA

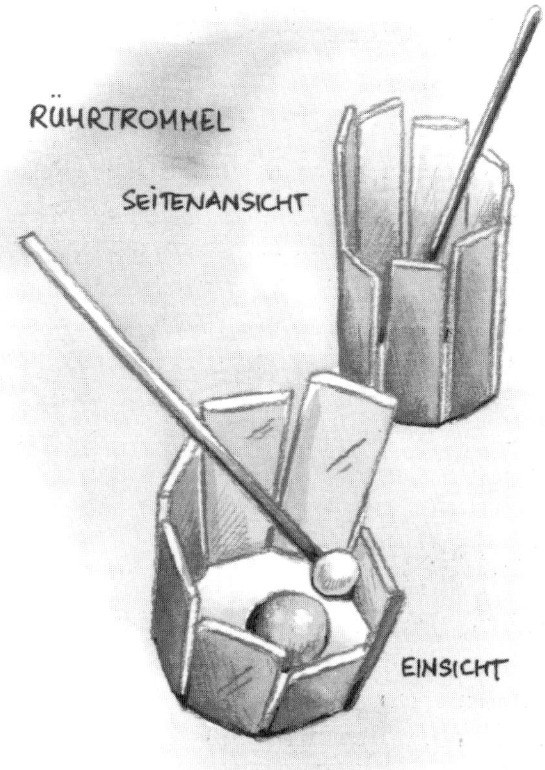

Rührtrommel

Die Rührtrommel ist ein Holzxylophon, bei dem die unterschiedlich langen Klangstäbe nicht horizontal sondern vertikal um eine Holzscheibe am Boden angebracht sind. Mit dem Klöppel können wir Töne erzeugen, indem wir ihn im Innenraum der Rührtrommel wie in einem Topf kreisend bewegen. Schlagen wir die einzelnen Klangstäbe innerhalb der Rührtrommel an, indem wir den Klöppel hin und her schwingen, entstehen zufällige Töne – je nachdem, welchen Klangstab wir gerade berühren. In die Rührtrommel kann man auch eine Holzkugel legen und mit ihr anstelle des Holzklöppels arbeiten. Legen wir die Kugel hinein, stellen die Rührtrommel auf unsere Handfläche und lassen die Hand mit der aufrecht stehenden Rührtrommel kreisen, entsteht ein eigentümliches, hölzernes Gluckergeräusch.

Kinderzither

Die Kinderzither ist ein Saiteninstrument, das auf dem Tisch gespielt werden kann. Weil es waagerecht liegt, lassen sich zwischen den Holz-Resonanzköper und die Saiten „Notenblätter" legen, die angeben, welche Saite entsprechend der Melodie in der richtigen Reihenfolge angeschlagen werden muss. So können bereits die ganz Kleinen eine Melodie spielen.

Rainstick

Regenstäbe sind Musikinstrumente, die kultische Zeremonien verschiedener Völker begleiten. Sie haben ihren Namen auf Grund des Regengeräusches, das sie verursachen, und weil Naturvölker damit den dringend ersehnten Regen herbeizaubern wollen. Sie werden hergestellt aus abgestorbenen Kakteen. In die Kakteenröhre werden Dorne gehämmert. Kleine Kieselsteine rieseln über die spiralförmig angeordneten Dornen. Es entsteht ein Regengeräusch, was als sehr entspannend wahrgenommen wird. Es gibt Regenstäbe in unterschiedlichen Größen, von 25 cm bis 150 cm Länge. Je länger ein Rainstick, umso länger regnet es akustisch. Die kleineren sind für Kinderhände besser geeignet.

Ocean Drum

Ein Ocean Drum ist eine doppelseitige Rahmentrommel, in dessen Hohlraum viele kleine Stahlkügelchen das Geräusch einer Meeresbrandung vermitteln. Die Ozeantrommel wird mit beiden Händen gehalten und langsam hin und her bewegt. Jede Neigung des Instrumentes hört sich an, als würde eine Welle an den Strand gespült.

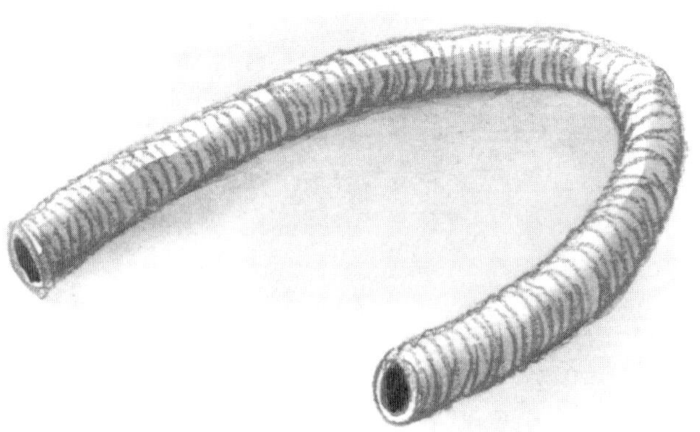

Heulrohr

Das Heulrohr hat einen kleinen Anschaffungspreis, aber eine große Wirkung.
Es ist ein spiralförmig gefalteter Plastikschlauch von ca. 50 cm Länge. Wird dieser kreisförmig in der Luft bewegt, entsteht ein Windheulton. Je kräftiger gedreht wird, umso lauter und höher heult der Schlauch auf.

Klangmobile

Material: 10 – 30 cm lange Stahl- oder Edelstahlröhren in unterschiedlicher Abmessung (Abfallstücke aus Schlossereien), Nylonschnur, Halterung für Mobile (Stock oder größerer Holzring), Deckendübel

In einer Schlosserei Metallröhren zusägen und an einem Ende mit einer Bohrung versehen lassen. Je dünner die Metallwand, umso besser klingen die Röhren. Edelstahl bringt höhere, reinere Töne hervor.
Durch die Bohrungen eine Nylonschnur fädeln und die Metallröhren an einem dicken Ast oder einem Holzring zu einem Mobile binden.

Falsch verbunden?

Material: Wasser- (Ø 6 cm) oder Abwasserrohre (Ø 10 cm) aus Plastik (für 2 Kinder ein 3 m langes Rohr berechnen, Baumarkt), Decke, Schnur

Die ca. 3 m langen Rohre über Kreuz in der Mitte des Raumes zu einer „Spinne" zusammenbinden. Eine große Decke darüber legen. Jeder nimmt sich das Ende eines Rohres und versucht herauszufinden, mit wem er „verbunden" ist.

Instrumente selbst gemacht

Klingender Luftballon

Material: pro Kind 1 Luftballon und 1 rundes Messingglöckchen

Das Messingglöckchen in den Luftballon stecken, den Luftballon aufblasen und am Ende verknoten – schon kann gespielt werden!

Flaschenxylophon

Material: Glasflaschen, Wasser, Trichter, Schnur, Löffel, rollende Garderobe o. Ä.

Die Flaschen unterschiedlich hoch mit Wasser füllen. Werden sie mit dem Löffel angeschlagen, ergeben sich unterschiedliche Tonhöhen. Die gefüllten Flaschen von tief bis hoch ordnen.
Mithilfe einer Blockflöte kann durch Füllen bzw. Abgießen von Wasser eine fein abgestimmte Tonleiter entstehen.
Die Flaschen in der Tonleiterfolge an einen frei stehenden Garderobenständer oder eine ähnliche Vorrichtung binden, sodass sie beim Anschlagen frei schwingen können.
Mit einem Esslöffel das Instrument spielen.

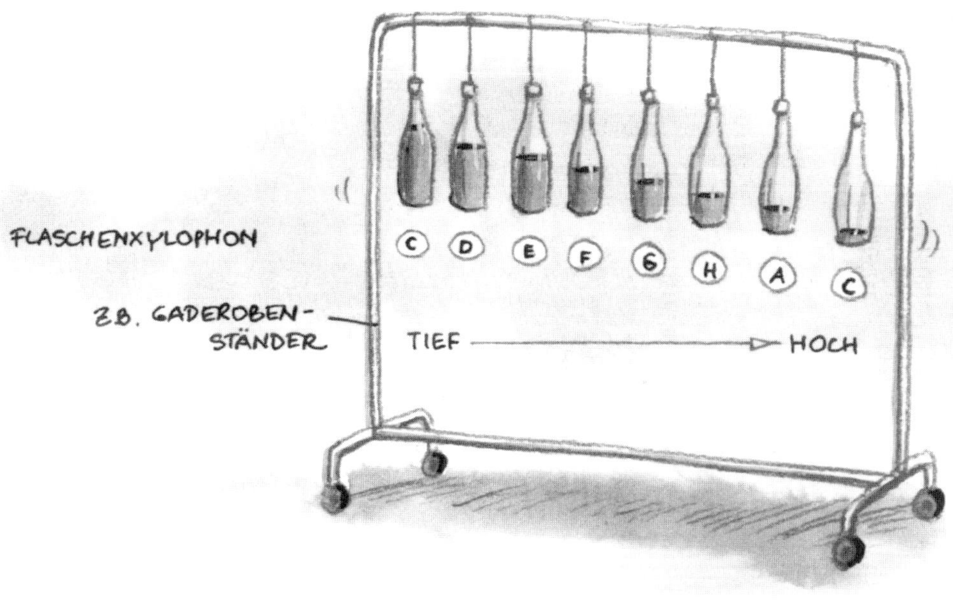

Visuelle Wahrnehmung – Perspektivenwechsel

Es wird vermutet, dass das noch ungeborene Kind schon ein zartes Rosa durch die Bauchdecke wahrnehmen kann – der Anfang der visuellen Wahrnehmung. In der Entwicklung zum Sehen sprechen wir von der Figur-Grund-Wahrnehmung, d. h. leuchtende Objekte (bevorzugt rote Dinge) vor dunklem Hintergrund werden vom Menschen als erstes wahrgenommen. Auch Objekte, die sich langsam bewegen, können vom Säugling mit den Augen verfolgt werden.

Zur visuellen Wahrnehmung gehört ferner die Fähigkeit, das Sehen mit den Bewegungen des Körpers zu koordinieren (Auge-Hand-Koordination), die Wahrnehmungskonstanz (ein bestimmter Gegenstand kann trotz unterschiedlicher Abbildungen immer wieder erkannt werden), die Raumlage (die Beziehung eines Gegenstandes zum Wahrnehmenden selbst: vor, hinter, auf ...), die räumlichen Beziehungen von mehreren Gegenständen untereinander, die Formwahrnehmung, Farbwahrnehmung und das visuelle Gedächtnis: Dinge zu erkennen, zuzuordnen und sich zu merken (z. B. Memory).

Im Snoezelen-Raum werden besonders „optische Wunder“ angeboten, also Farben und Lichteffekte, die nicht alltäglich sind – sei es die Blubbersäule, die Spiegelkugel, aber auch Seh-Objekte, die von Kindern selbst gemacht sind. Durch diese nicht alltäglichen Sehphänomene ist das Auge überrascht und die Kinder haben Freude daran, genauer hinzusehen. Es geht beim Snoezelen also nicht darum, zu erkennen, zu benennen, zuzuordnen und zu erinnern, wie wir es vom klassischen, didaktischen Spielmaterial her kennen (Memory, Domino o. Ä.), sondern darum, Dinge „auf sich wirken zu lassen“.

Das Spannende im Snoezelen-Raum ist nicht, durch immer gleiche Formen, Farben etc. die visuelle Wahrnehmung zu „trainieren“, sondern durch fließende, sich verändernde Sehobjekte mit Licht, Farben, Formen neugierig zu machen. Durch spannende optische Effekte wird der Forschergeist geweckt, selbst optische Experimente zu machen und Kuckobjekte herzustellen. Die Aktivität liegt dann in der Herstellung von Kuckies und in der Gestaltung von Ausstellungen.

Spiel mit Licht und Farbe

Wirkung von Farben

Farben entstehen durch Licht. Scheint die Sonne bei Regen, entsteht am Himmel ein Regenbogen. Die Regentropfen wirken wie ein Prisma. Durch die Brechung an einem Prisma wird das Licht in die Spektralfarben Rot, Orange, Gelb, Grün, Blau und Violett zerlegt. Schon die alten Ägypter glaubten an die Wirkung von Farben auf das körperliche, geistige und seelische Wohlbefinden von Menschen. Sie bauten Tempel, deren Räume jeweils in einer der sieben Regenbogenfarben gestrichen war. Diese Räume wurden benutzt, um Krankheiten durch eine ganz bestimmte Farbenergie zu heilen. Goethe befasste sich mit der Wirkung der Farben auf den Menschen und stellte fest, dass es einen Zusammenhang gibt zwischen der Ausstrahlung einer Farbe und den Empfindungen, die sie im Menschen auslöst. Er unterteilte die Farben in die Grundfarben Rot, Blau, Gelb und bezeichnete sie als Primärfarben. Alle anderen Farben lassen sich aus diesen Grundfarben mischen. Die durch das Mischen der Primärfarben entstandenen Farben werden als Sekundärfarben bezeichnet. Sie vereinigen die Eigenschaften ihrer beiden Grundfarben in sich. Die Farben, die sich im Farbkreis gegenüberstehen, werden als Komplementärfarben bezeichnet. Weiterhin differenzierte Goethe die Farben in warme Farben: Gelb, Rot und Orange und in „kalte" Farben wie Grün, Blau, und Violett. Pythagoras ordnete Rot den Körperfunktionen, Gelb dem Geist und Blau, als eine nach innen wirkende Farbe, der Seele zu.

- **Rot**

ist die erste Farbe, die vom Neugeborenen wahrgenommen wird. Helles Rot wird verwendet als Signalfarbe für Gefahrenhinweise, mit dunklen Rottönen verbinden wir Wärme, Liebe und Leidenschaft. In der Natur finden wir Rot beispielsweise in Gestalt des Feuers wieder, das Wärme und Licht, aber auch Zerstörung bedeuten kann. Feuerwehrautos und Warnschilder sind rot, um möglichst schnell wahrgenommen zu werden. Die Farbe Rot erzeugt im Körper ein Wärmegefühl. Puls und Blutdruck erhöhen sich, die Farbe Rot wirkt anregend auf Herz und Kreislauf.
Für den Snoezelen-Raum wählen wir einen warmen Rotton, wenn wir zu einer tiefen Entspannung gelangen wollen, vergleichbar mit der vorgeburtlichen Situation im Mutterleib.

- **Orange**

ist ein sehr warmer Farbton, der mit Sonne und Wärme assoziiert wird. Die Farbe steht für Lebensfreude, sie stimmt uns heiter und gelassen. Orange setzt sich zusammen aus dem vitalen Rot und dem geistig anregenden Gelb. Es wirkt belebend und aktivierend. Orange nimmt Spannungen und verbreitet ein Gefühl heiterer Gelassenheit. Wählen wir für Lichteffekte diese Farben, entstehen leicht die Assoziationen an südliche, sonnenwarme Länder.

- **Gelb**

steht für Licht, Wärme und Sonne. Es wird mit den positiven Dingen des Lebens assoziiert. Gelb lenkt die Aufmerksamkeit auf sich und steht im Postwesen für Kommunikation. Räume, die in Gelb gestrichen sind, fördern die Leistungs- und Konzentrationsfähigkeit. Die Farbe lässt Räume heller und freundlicher scheinen und stimmt die Menschen heiterer.

- **Grün**

ist die Farbe des Ausgleiches und der Harmonie. Grün ist eine Mischfarbe, die sich aus dem kalten Blau und dem warmen Gelb zusammensetzt. Grün gehaltene Räume wirken beruhigend. Das Licht wird bei Grün nicht so stark gebrochen und so ruht sich auch das Auge auf grünen Flächen aus, es ermüdet nicht so schnell wie bei einem strahlenden Weiß. Grün hat eine entspannende Wirkung. Setzen wir im Snoezelen-Raum Farbeffekte in den Farben Grün, Blau, Gelb ein, werden Assoziationen an Wald und Sonnenlicht geweckt.

- **Blau**

ist die Farbe des Himmels und des Wassers und vermittelt uns ein Gefühl von Weite. Blau in Räumen wirkt kühl und beruhigend. Blau in Verbindung mit den Lichteffekten einer Spiegelkugel lässt leicht Assoziationen zu Nacht, Sternenhimmel und Weltraum entstehen.

- **Violett**

kommt in der Natur nur selten vor, es hat eine außergewöhnliche Ausstrahlung und vermittelt eine ruhige, etwas kühle Atmosphäre mit einem Hauch von Mystik.

- **Schwarz**

ist die Farbe der Dunkelheit, die alle Farben und alles Licht verschluckt und absorbiert. Schwarz wirkt in Räumen erdrückend und sollte vermieden werden. Als Untergrundfarbe lässt es die anderen Farben leuchtender und brillanter erscheinen. Im Snoezelen-Raum ist Schwarz nicht geeignet.

- **Weiß**

wird dazu eingesetzt, den Menschen von übermäßigen optischen Eindrücken zu befreien. Weiß ist dazu geeignet, alle kleinen Räume lichter und weiter erscheinen zu lassen. Weiß reflektiert das Licht am besten – ein Grund, warum Snoezelen-Räume in Weiß gehalten sind.

Farbgestaltung durch Tücher

Obwohl der Snoezelen-Raum vom Grunde her weiß gehalten sein soll, können wir themenbezogen für eine gewisse Zeit den Raum in eine bestimmte Farbe tauchen.

Material: alte Leintücher, Batikfarbe, evtl. farbige Glühlampen

Die Leintücher in der gewünschten Farbe nach Anweisung des Herstellers einfärben.
Die Tücher als Zeltdach oder Wandbehang im Snoezelen-Raum befestigen.
Farbige Glühbirnen können den visuellen Eindruck verstärken.

Für einen Babytag (S. 47) zum Beispiel kann ein Zelt aus rot eingefärbten Leintüchern den Eindruck von Geborgenheit unterstützen.
Als Lampen eignen sich Glühbirnen in Rosa oder Rot.

Farbenspiel selbst gemacht

Idee: Andreas Lichtenberg, Kunsttherapeut, Johannes-Anstalten Mosbach

Im Handel gibt es allerlei Farbprojektoren mit Effekträdern und Fließbildern, die Farbspiele auf die Wände projizieren (vgl. S. 21). Diese sind in der Anschaffung teuer und wegen der Fülle von Reizen nicht gut für den Einsatz bei Kindern geeignet. Viel schöner ist es, wenn Kinder solche Farbspiele mit einfachen Mitteln selbst auf die Wand projizieren können.

Material: Spiegelfolie (Bezugsquelle s. Anhang), Diaprojektor, verglaste Diarähmchen (Fotoladen), Glasmalfarbe, dünner Pinsel, Musik nach Wahl

Diarähmchen öffnen und mit dem Pinsel einige Tropfen Farbe auf eines der Glasplättchen auftragen. Bei der Farbauswahl nach Wirkung der Farben vorgehen (s. o.). Wird das zweite Glasplättchen dagegen gedrückt, fließen die Farben ineinander.
Ist die Farbe getrocknet, die Glasplättchen in den Diarahmen stecken und in den Diaprojektor geben.
Die Farbe wird an die Wand projiziert. Diese Farbspiele lassen der Fantasie und Vorstellungskraft freien Raum.
Damit das Farbbild beweglich wird, setzt sich ein Kind mit der Spiegelfolie vor den Diaprojektor, fängt die Lichtprojektion mit der Spiegelfolie auf und kann jetzt durch entsprechende Bewegungen der Folie das Farbbild über die Wände wandern lassen, die Form beeinflussen oder es rhythmisch pulsieren lassen.
Spielen die Kinder zum Rhythmus einer Musik, entsteht so eine tolle selbst gemachte Lightshow.

Fließbilder selbst gemacht

Material: Tageslichtprojektor, Glasschale, Wasser, verschiedene Farben (z. B. Glasmalfarbe, Stempeltusche, Ostereierfarbe, Plakafarbe), evtl. Spülmittel, Kleister, Salatöl, Schaschlikstäbchen

Die Schale mit Wasser befüllen und auf den Tageslichtprojektor stellen. Je nachdem, welche Farbzusätze und Flüssigkeiten ins Wasser gegeben werden, verändern sich die Fließbilder in Farbe und Bläschenform.
Durch Rühren mit dem Schaschlikstäbchen kommt das Fließbild in Schwung.
Nach einigen Farbexperimenten das trübe Wasser wechseln.

Farbige Musik

Material: Lichtorgel, Mikrofon

In einer Lichtorgel werden Töne in elektrische Impulse verwandelt. Diese lassen bunte Scheinwerfer je nach Höhen und Bässen aufleuchten. Eine solche Lichtorgel anzuschaffen, wird sich nicht lohnen, weil der Effekt auf Dauer zu dominant ist. Wer sich eine solche aber mal ausleihen kann (Licht- und Beschallungstechnik), sollte auf den Effekt nicht verzichten. Es ist sehr beeindruckend für Kinder, wenn sich Musik oder gar die eigene Stimme in Lichteffekte verwandelt.

Farbige Computerbilder

Für Jugendliche

Material: Computer, Beamer, Grafik-Präsentations-Programm (z. B. Powerpoint), Musik nach Wahl

Es ist für Jugendliche sehr reizvoll, ihren Computer für kreative Zwecke zu nutzen. Mit einem Grafik-Präsentations-Programm lassen sich Formen und Farben auf dem Bildschirm bewegen. Ist ein solches Farbspielprogramm entwickelt, mithilfe eines Beamers auf die Wände des Snoezelen-Raumes projizieren und mit Musik unterlegen.
Hinweis: Die notwendigen Medien im Bekanntenkreis ausleihen. In größeren Einrichtungen ist meist ein Beamer vorhanden und kann von der Medienstelle ausgeliehen werden. Die Technik entwickelt sich ständig weiter, sodass es am besten ist, die Jugendlichen ihr neuestes Wissen hier einfließen zu lassen.

Alles was glitzert

Für das Spiel mit Lichtreflexen eignet sich die Spiegelfolie in besonderer Weise. Sie lässt sich verändern, biegen, falten etc...

Spiegelfolie zur Raumgestaltung

Material: Spiegelfolie (1 x 2 m), Metallbohrer, Steinbohrer, Bohrmaschine, Dübel, Schrauben

Der Snoezelen-Raum lässt sich optisch vergrößern und die Farben vielfach reflektieren, wenn an den Wänden Spiegelfolie angebracht ist.
Einen schönen Effekt bieten zwei Spiegelfolien, die in der Ecke des Raumes, in der die Blubbersäulen stehen, im rechten Winkel an die Wand geschraubt sind:

- Mit dem Metallbohrer an den vier Ecken der Folie ein Loch bohren.
- Die Folie an die Wand halten, durch die Löcher der Folie Markierung anreißen.
- Mit dem Steinbohrer Löcher in die Wand bohren, dübeln und Folien anschrauben.

Begehbares Kaleidoskop

Im Handel gibt es eine Fülle von Klein-Spielzeug zur visuellen Wahrnehmung: Fliegenaugen, Regenbogenbrillen, Kaleidoskope, Prismen etc. Eine besondere Attraktion für Kinder ist ein begehbares Kaleidoskop.

Material: 3 Spiegelfolien (2 x 3 m), stabile Pappe oder dünnes Sperrholz in gleicher Abmessung, Klebstoff oder Tacker

Die Folien auf die Pappe kleben oder auf das Sperrholz tackern. (Sperrholzwände sind stabiler, Pappwände sind leichter.)
Die Spiegelwände wie ein Tipi zusammenstellen. Schon kann sich ein Kind im Innenraum vielfach spiegeln.
Hinweis: Die Wände nicht miteinander verschrauben, so bleiben sie variabel einsetzbar.

Kleines Kaleidoskop

Alter: ab 4 Jahren
Material: weißer Fotokarton (12 x 15 cm), Spiegelfolie (12 x 15 cm), Klebstoff, Klebeband, Schere, Malstifte

Den Fotokarton in der Breite zweimal im Abstand von 4 cm falten.
Die Spiegelfolie in drei gleich große Streifen schneiden im Maß 4 x 15 cm.
Diese Streifen auf die Innenseite des Kartons kleben.
Den Karton zu einer dreieckigen Röhre falten und mit Klebestreifen schließen.
Das Kaleidoskop nach Belieben bemalen.

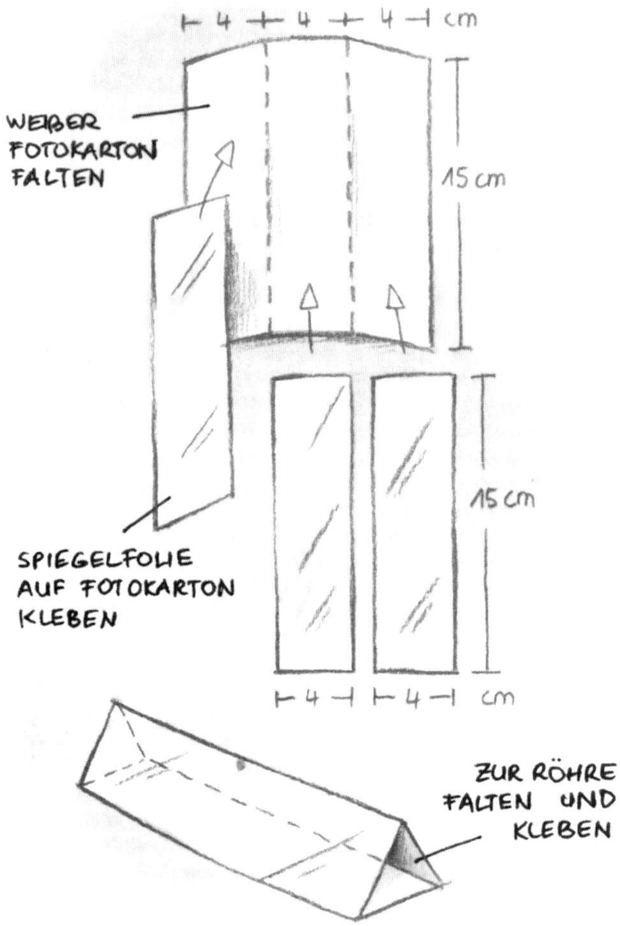

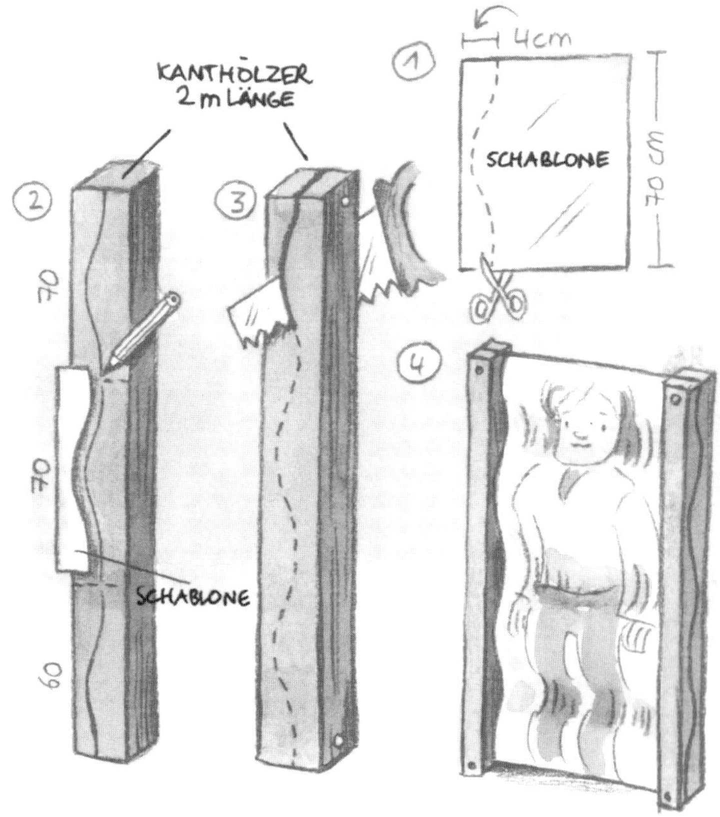

Zerrspiegel

Material: 1 Spiegelfolie (1 x 2 m), 2 Kanthölzer (2 m, 7 x 8 cm Stärke), Fotokarton, Lineal, Bleistift, Schere, Bandsäge

Auf den Fotokarton im Randabstand von 4 cm eine leichte, 70 cm lange Wellenlinie einzeichnen. Diese ausschneiden und als Schablone auf das Kantholz legen.
Die Schablone mit dem Filzstift auf beiden Kanthölzern nachzeichnen, und zwar so, dass die Wellen auf beiden Kanthölzern identisch sind. Die Kanthölzer entlang der Wellenlinie zersägen.
Die Spiegelfolie jeweils zwischen die beiden zersägten Kanthölzer legen. Die Teile wieder aufeinander legen und oben und unten verschrauben.
Ein Lachspiegel ist entstanden.

Spiegelbox

Alter: ab 4 Jahren
Material: Spiegelfolie, Schere, Schuhkarton, verschiedene kleine Objekte

Die Spiegelfolie im Maß der Schuhschachtel zurechtschneiden und die Innenseiten der Schuhschachtel damit bekleben.
Man kann die Spiegelfolie auch nach außen gebogen (konvex) oder nach innen gebogen (konkav) in der Schachtel anbringen. Dies verzerrt das Spiegelbild.
Die Kinder halten die verschiedensten Dinge in die Box und bestaunen deren Vervielfältigung.

Spiegelkabinett

Alter: ab 4 Jahren
Material: wie oben, zusätzlich Butterbrotpapier, kleines Objekt zum Aufhängen (kleine Puppe, Tuchgespenst o. Ä.), Nadel, Faden, Klebestreifen

Die Spiegelfolie wie oben im Maße der Schuhschachtel zurechtschneiden und die Innenseiten der Schachtel damit bekleben.
In die Mitte einer kurzen Seite der Schuhschachtel ein 5 cm großes Guckloch schneiden.
Den Deckel der Schuhschachtel durch Butterbrotpapier ersetzen, so kann Licht in die Schachtel dringen.
An einen kleinen Gegenstand mit Nadel und Faden eine Aufhängung nähen, mit der Nadel das Butterbrotpapier in der Mitte durchstechen, den Faden durchziehen, abschneiden und das Ende mit durchsichtigem Klebestreifen auf dem Butterbrotpapier-Deckel befestigen.
Das kleine Objekt wird in der Schachtel, schaut man durch das Guckloch, vielmals reflektiert.

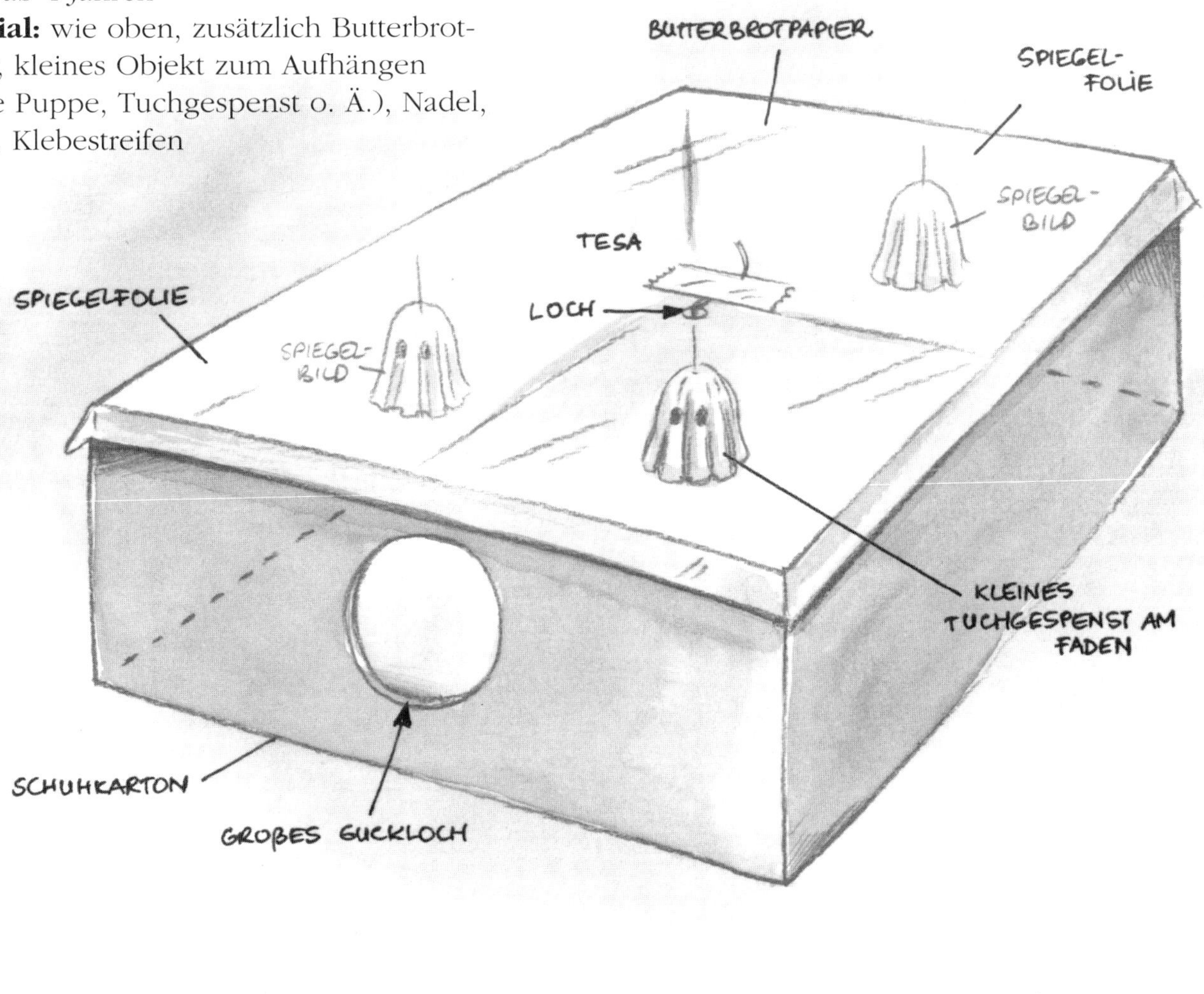

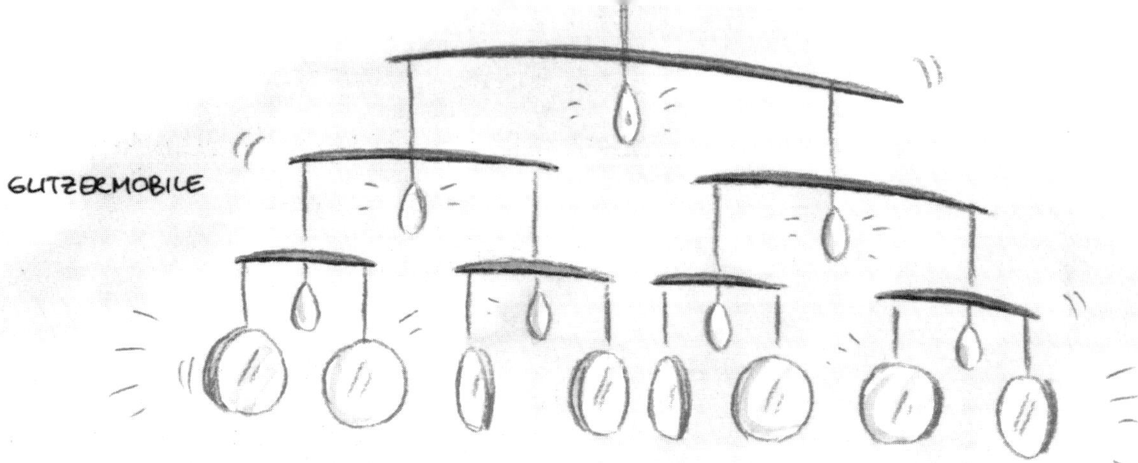

Spiegelkugel selbst gemacht

Alter: ab 6 Jahren
Material: Styroporkugel (Größe nach Wunsch), Spiegelfacetten-Matte (Bastelgeschäft), Klebstoff, stabiler Draht (Länge = Durchmesser der Kugel + 5 cm) oder bei größeren Kugeln: Gewindestab, Unterlegscheibe und Mutter

Den Draht durch die Styroporkugel bohren. Das untere Drahtende etwas umbiegen und wieder in die Kugel drücken, das andere, überstehende Drahtende zu einer Schlinge als Aufhängung biegen.
Bei größeren Kugeln einen Gewindestab durch die Kugel bohren und mit einer Unterlegscheibe und einer Mutter auf der Unterseite verschrauben.
Die Styroporkugel mit den Spiegelfacetten bekleben. Die einzelnen Spiegelchen lassen sich gut mit einem Klingenmesser von der Matte lösen.

Glitzermobiles

Alter: ab 6 Jahren
Material: Spiegelfolienreste oder Holografiefolie und evtl. 7 Prismentropfen (Bastel- oder Spieleladen), Bierdeckel oder starke Pappe, Nylonschnur, 7 stabile Kupferdrähte (Längen: 1 x 50 cm, 2 x 30 cm, 4 x 15 cm)

Die Bierdeckel beidseitig mit Spiegel- oder Holografiefolie beziehen. An einen 50 cm langen stabilen Draht rechts und links Nylonfäden von ca. 30 cm Länge binden. An diesen mittig wieder Kupferdrähte von ca. 30 cm befestigen. An die Enden der kleineren Kupferdrähte je zwei Nylonfäden in der Länge von 20 cm binden und daran vier Kupferdrähte von 15 cm Länge befestigen. An diese Kupferdrähte die beklebten Bierdeckel binden und so ausrichten, dass das Mobile immer in der Balance bleibt.
Die Spiegelfolie kann auch in beliebige Stücke geschnitten und direkt an die Nylonfäden gebunden werden. Schon ein kleiner Luftzug bringt die Materialien in Bewegung.
Damit das Licht noch vielfältiger gebrochen wird, jeweils in der Mitte eines Kupferdrahts Prismentropfen aufhängen.

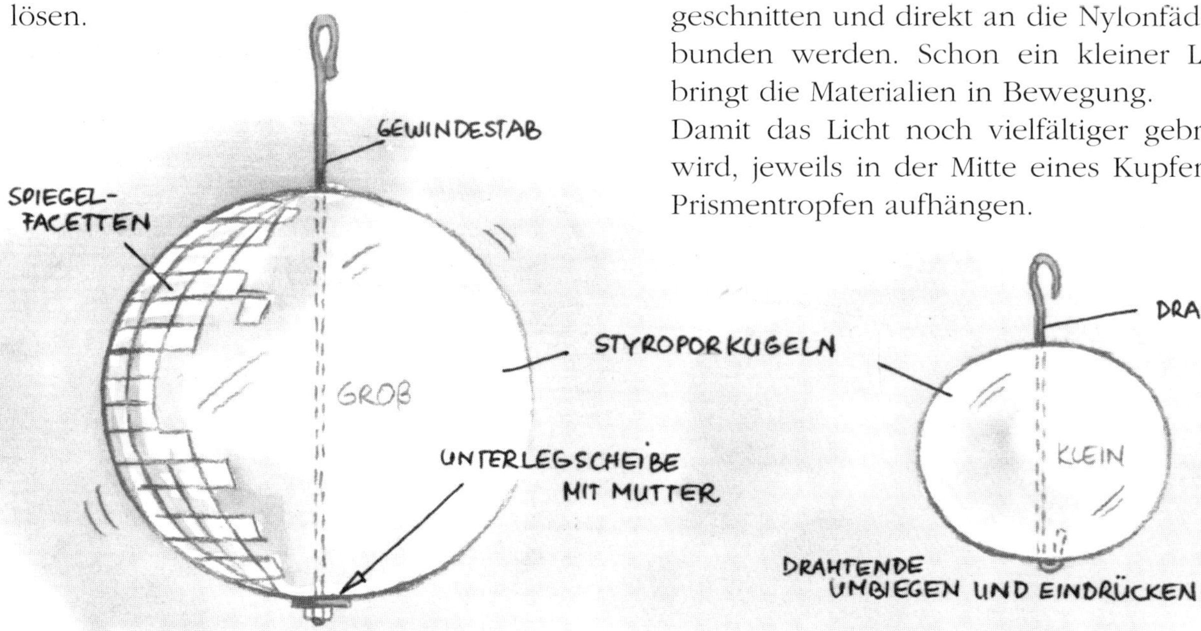

Schwarzlicht im Snoezelen-Raum

Die UVA-Strahlung der Schwarzlichtlampe taucht den Snoezelen-Raum in geheimnisvolles Licht. Weiße T-Shirts und Socken beginnen zu strahlen und Neonfarben leuchten in ungeahnter Brillanz. Dieser optische Effekt eignet sich sowohl für die Raumgestaltung allgemein, für die Herstellung von leuchtenden Objekten als auch für das Spiel mit Schwarzlichtspielzeug.
Allerdings sollte die Schwarzlichtlampe sparsam eingesetzt werden, damit dieser optische Knüller nicht die anderen, „leiseren" Beleuchtungsmittel zu sehr dominiert. Es ist sinnvoll, den Schwarzlichteffekt erst zum Ende einer Stunde anzubieten. Dies bietet sich auch aus praktischen Gründen an, denn größere Schwarzlicht-Fluter brauchen eine gewisse Zeit, bis ihre Leuchtkraft voll entfaltet ist.
Obwohl alles leuchtet, sind die verwendeten Materialien nicht giftig. Allerdings reizt die UVA-Strahlung des Schwarzlichtes auf Dauer die Augen. Deshalb sollte Schwarzlicht in einer Einheit nicht länger als eine Viertelstunde angeboten werden.

Raumgestaltung mit Schwarzlicht

Obwohl Schwarzlichtbeleuchtung nicht ständig eingesetzt werden soll, können verschiedene Gestaltungselemente im Raum dauerhaft vorhanden sein, die erst unauffällig und dezent im Hintergrund bleiben, mit dem Einsatz der Lampe aber ihre volle Leuchtkraft entwickeln.

Stoffhimmel

Material: weiße, alte Baumwoll- oder Leinenlaken, alte Vorhänge, Befestigungsmaterial, Schnüre, Dübel etc.

Den Stoff mithilfe einer Schwarzlichtlampe auf seine Leuchtkraft hin prüfen. Nicht alle weißen Stoffe leuchten.
Je nach Art des Stoffes ein Moskitonetz gestalten (vgl. S. 24) oder Vorhangbahnen an der Decke drapieren, deren gewebtes Muster mit Schwarzlicht eine besonders reizvolle Wirkung entfaltet.

Deckenbemalung

Material: weiße Wandfarbe, fluoreszierende weiße Dispersionsfarbe (s. Anhang), Pinsel, Malerkleidung, Abdeckfolie zum Bodenschutz

Die Decke des Snoezelen-Raumes mit normaler weißer Wandfarbe grundieren. Trocknen lassen.
Mit dem Pinsel die fluoreszierende Farbe als ornamentales Muster auftragen oder einfach beliebig an die Decke tupfen.
Die Farbe fällt bei normaler Beleuchtung nicht auf, im Schwarzlicht erscheinen die Ornamente oder Tupfer.

Variante: Kreidemalerei

Alter: ab 4 Jahren
Material: Phosphoreszierende Leuchtkreide (s. Anhang)

Soll die Farbe nicht dauerhaft angebracht sein, können die gleichen Effekte mit phosphores-

zierender Leuchtkreide entstehen. Die Leuchtkreide ist bei normaler Beleuchtung ebenfalls kaum sichtbar, sondern nur bei Schwarzlicht. Der Vorteil bei der Leuchtkreide liegt darin, dass diese einfach mit einem Lappen weggewischt werden kann und so Raum für neue Muster entsteht.
Die Kreide lässt sich von Kindern ganz leicht auftragen.

Sternenhimmel

Material: Phosphoreszierende Sterne (s. Anhang)

Es gibt diese Sterne aus haltbarem Plastik in verschiedenen Größen mit doppelseitigem Klebeband. Die Sterne ganz nach Belieben über die Decke verteilen. Zwar sind sie auch bei normaler Beleuchtung blassgelb zu sehen, fallen aber kaum auf und stören den Raumeindruck nicht.

Leuchtschnurspiegel

Material: Spiegelfolie (1 x 2 m), Sperrholzplatte (1 x 2 m), 15 fluoreszierende Leuchtschnüre, je 3 in einer Farbe (je 3 m lang), Tacker, Bohrmaschine

Die Spiegelfolie auf die Sperrholzplatte tackern.
Mit der Bohrmaschine für die Leuchtschnüre 15 Löcher am oberen Rand im Abstand von 6 cm bohren.
Die Leuchtschnüre durch die Löcher fädeln und an der Spiegelrückwand verknoten.

In Verbindung mit Schwarzlicht beginnen die Schnüre extrem zu leuchten. Durch den dahinter liegenden Spiegel werden sie optisch verdoppelt.
Da der Spiegel nicht fest im Raum eingebaut wird, ist er variabel einsetzbar.

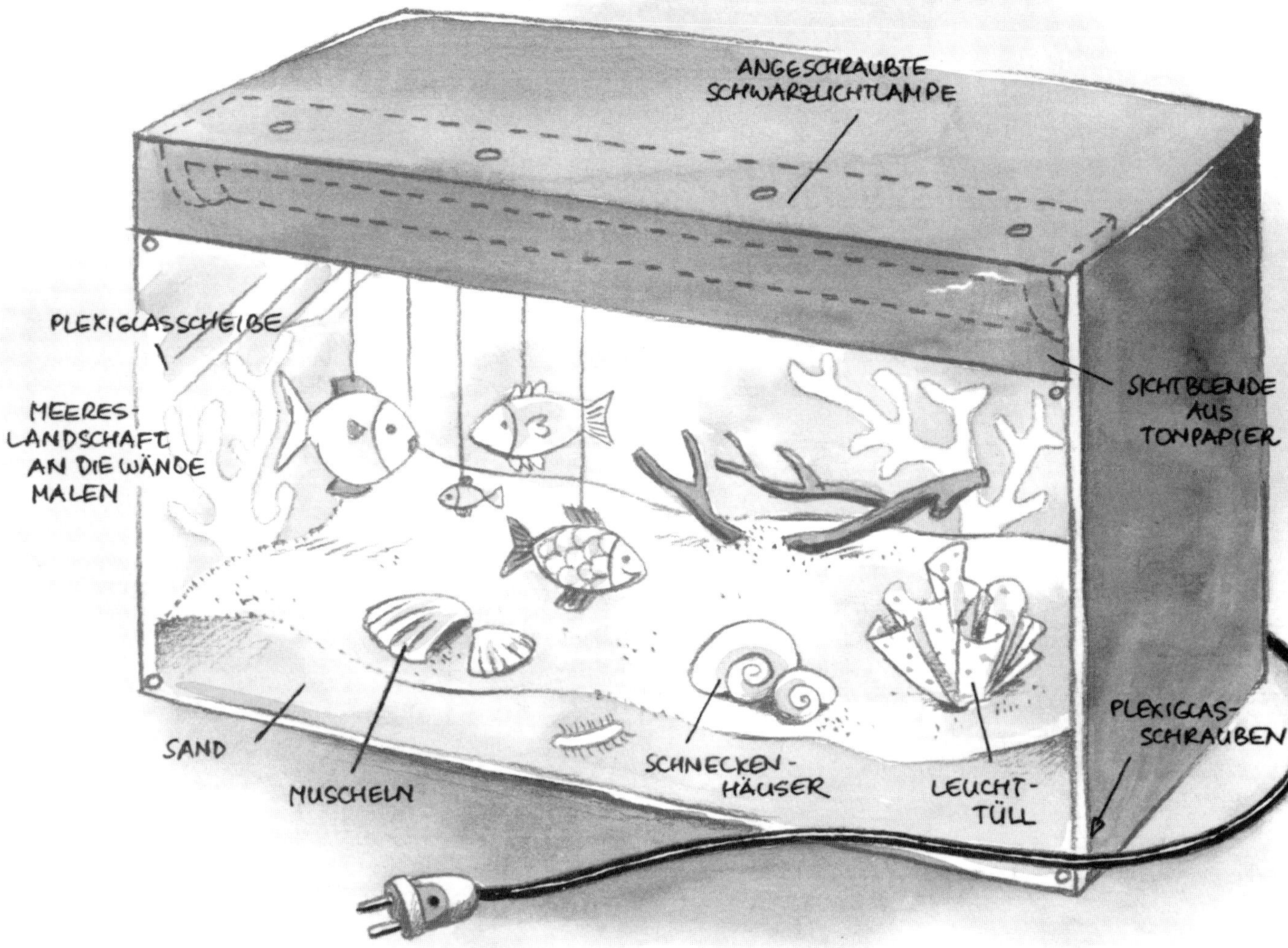

Leuchtaquarium

Material: Holzkasten 80 cm lang, (Materialkiste für Spielmaterial, Schublade o. Ä.), durchsichtige Plexiglasscheibe (im Maß des Holzkastens), schwarze Plaka-Farbe, Pinsel, fluoreszierende Farbe nach Wahl, Schwarzlicht-Langfeldleuchte (80 cm lang), Bohrmaschine, Schrauben, Plastikfischchen, Leuchtschnüre, feiner Sand, Strandgut: Muscheln, Korallen, Treibholzstückchen, Wundermuscheln (s. Anhang), evtl. Leuchttüll, Nylonfaden, schwarzer Fotokarton

Den Holzkasten innen schwarz bemalen. Ist die Farbe trocken, auf den Kastenboden (die Rückwand) mit fluoreszierender Farbe eine Meereslandschaft malen. Unter eine Längsseite (die Decke) die Langfeldleuchte schrauben, sodass die Unterwasserszene in Schwarzlicht getaucht werden kann.

Etwas Sand auf den Boden streuen. Alle verfügbaren Materialien mit fluoreszierender Farbe bemalen und nach dem Trocknen als Unterwasserwelt im Kasten dekorieren. Fische und schwimmende Objekte mit einer Nylonschnur versehen und von der Decke hängen lassen.
Ist die Landschaft gestaltet, auf die Plexiglasscheibe am oberen Rand den Tonpapierstreifen als Sichtblende für die Schwarzlichtlampe kleben und die Scheibe mit zwei Schrauben an den Holzkasten schrauben.

Leuchtende Traumfänger

Indianer sagen, bei Traumfängern bleiben die schlechten Träume im Fadengeflecht hängen, und die guten Träume schlüpfen hindurch zu den Menschen. Also: für gute Träume im Snoezelen-Raum!

Material: Gymnastikreifen (Holz), fluoreszierende Dispersionsfarbe, fluoreszierende Wolle, Federn

Den Gymnastikreifen mit fluoreszierender Farbe bemalen. Ist der Reifen getrocknet, 8 Wollfäden (ca. 2 m lang) gleichmäßig an den Reifen binden. Die Fäden nun abwechselnd bis zur Reifenmitte miteinander verknoten. In der Mitte alle Fäden mit einem Knoten zusammenbinden.
Aus Wolle eine stärkere Kordel drehen und als Aufhängung an den Reifen binden. Die Federn in fluoreszierende Farbe tauchen. Nach dem Trocknen mit Wolle an den unteren Rand des Traumfängers binden.

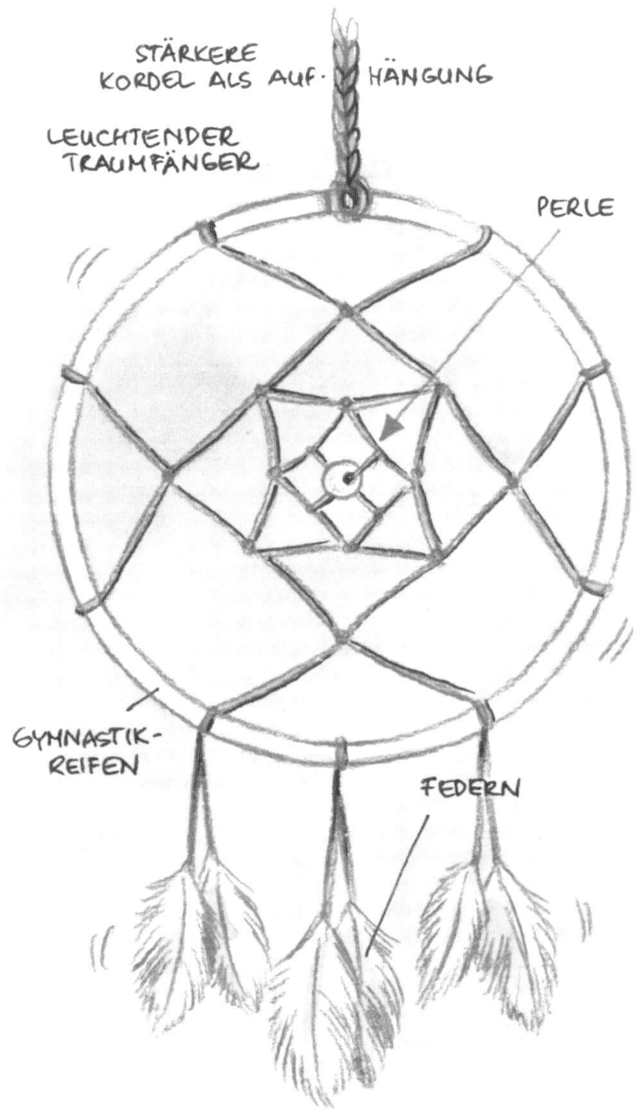

Mobile mit Leuchtfischen

Material: Kupferdraht und Nylonschnüre (s. Spiegelmobile S. 84), fluoreszierendes Plexiglas (s. Anhang), Metallsäge

Das Mobile, wie unter „Spiegelmobile" (S. 84) beschrieben, herstellen.
Aus dem Plexiglas kleine Fische aussägen, mit einem dünnen Metallbohrer ein kleines Löchlein zur Aufhängung bohren.
Die Fische mit dem Nylonfaden am Mobile befestigen.

Leuchtende Gestaltungsmaterialien

Schwarzlichttüll

Mit fluoreszierendem Tüll lassen sich Räume flächig dekorieren. Dazu ganze Bahnen des Stoffes im Raum drapieren. Die Stoffbahnen können nach Gebrauch einfach wieder auf den Pappkern gewickelt und immer wieder verwendet werden.

Leuchtende Wolle

Die Wolle (s. Anhang) lässt sich vielfach verarbeiten und dekorieren. Ob als Riesenspinnennetz, als Quasten etc.

Füllwatte

Mit weißer Füllwatte (Abfallmaterial von Polsterfabriken) können im Snoezelen-Raum herrliche Schneelandschaften, Eiskristall-Paläste etc. inszeniert werden. Das Material vorher auf seine Leuchtkraft hin prüfen. Die Füllwatte lässt sich leicht in gewünschte Formen zuschneiden und im Raum dekorieren.

Leuchtgummiband

Das leuchtende Gummiband (s. Anhang) gibt es in den Farben Neonpink und Neongrün. Es kann als große Installation überall im Raum verspannt werden.

Schwarzlichtspielzeug

Das Schwarzlicht reizt mit leuchtendem Spielmaterial auch zum aktiven Tun.
In einer „Zauberkiste" (großen Karton schwarz bemalen und evtl. mit Leuchtsternen bekleben) unten stehende Spielmaterialien darin bereithalten.
Die gefüllte Kiste hat für Kinder so einen hohen Aufforderungscharakter, dass sie von selbst mit dem Spiel beginnen und die Leuchtmaterialien auf ihre Funktion und die damit zu erzeugenden Lichteffekte ausprobieren.
Auch hier kann Hintergrundmusik nach Wahl zu einer positiven Atmosphäre beitragen.

Zauberstäbe

Material: fluoreszierende Plexiglasstäbe (20 x 2 cm, siehe Anhang)

Die Stäbe haben eine intensive Leuchtkraft und hinterlassen Leuchtspuren, wenn sie geschwungen werden.

Fluoreszierende Leuchtschnur

Material: Leuchtschnüre (ca. 3 m lang)

Die Leuchtschnüre aus Weich-PVC sind auch als Linelite-Schnüre bekannt. Sie lassen sich sowohl als Zauberlichtspielzeug, als auch als Leuchtobjekt (s. u.) verwenden.
Jeweils zwei Kinder erhalten eine Leuchtschnur und stehen sich mit einem Abstand von ca. 2,50 m gegenüber.
Durch schnell kreisendes Schwingen der Schnur entstehen Lichtspuren, die mit Laserlichteffekten zu vergleichen sind.

Zauberschnur

Die Baumwollschnur wird im Handel als Zauberseil angeboten (s. Anhang). Sie ist aus Baumwolle gefertigt und entwickelt eine tolle Leuchtkraft.
Je zwei Kinder erhalten eine Leuchtschnur und stellen sich paarweise gegenüber im Abstand von 2,50 m auf. Durch Schwingen und schnelles Wackeln mit der Schnur entstehen schöne Lichteffekte.

Kometenbälle

Kometenbälle sind fluoreszierende Leuchtbälle (s. Anhang), die mit leuchtenden Bändern versehen sind.
Beim Zuwerfen wirken die Bänder wie ein Kometenschweif.

Mondbälle

Weiche, phosphoreszierende Bälle (Durchmesser 30 cm, s. Anhang) leuchten auch ohne Schwarzlicht im Dunkeln.
Damit lassen sich alle Ballspiele im Dunkeln und im Schwarzlicht spielen.

Leuchtende Jonglierartikel

Im Handel gibt es inzwischen fast jeden Jonglierartikel in fluoreszierender Farbe. Ob Leucht-Diabolos, Devilsticks, Jongliertücher in Neonfarben, Leucht-Jonglierbälle, Keulen mit Knicklichtern und vieles mehr.
Sie alle eignen sich für das Spiel im Schwarzlicht für Kinder ab 8 Jahren.

Knicklichter

Die Knicklichter kommen ursprünglich aus dem Anglerbedarfshandel. Es sind 20 cm lange, verschweißte, durchsichtige Plastikröhren, in denen zwei Flüssigkeiten miteinander reagieren, sobald das Knicklicht geschüttelt und geknickt wird.
Die so gemixte, stark leuchtende Flüssigkeit, entwickelt ihre Leuchtkraft auch ohne Schwarzlicht im Dunkeln. Der Effekt ist sehr beeindruckend – allerdings nur 12 Stunden, danach lässt die Leuchtkraft mehr und mehr nach.

Leuchtende Ausstellungen im Snoezelen-Raum

Leuchtende Bilderausstellung

Alter: ab 6 Jahren
Material: große Fahrradkartons, Bleistift, Pinsel, weiße Wandfarbe, fluoreszierende Dispersionsfarben (weiß, gelb, grün, blau, rot), Malerkleidung, Ackerfolie, Pinsel, Schwarzlicht, Hintergrundmusik

Die Fahrradkartons mit weißer Wandfarbe grundieren, dies erhöht die Leuchtkraft der Dispersionsfarben.
Ist die Farbe getrocknet, in der Mitte ein Bild nach Belieben vorzeichnen und mit Leuchtfarbe bemalen. Am Rand etwas Platz für den Bilderrahmen frei lassen.
Den Bilderrahmen erst zum Schluss mit Leuchtfarbe ausfüllen.
Ist alles getrocknet, evtl. nicht bemalten Karton um den Rahmen wegschneiden.

Die Bilder im Snoezelen-Raum zur Ausstellung arrangieren, eine Entspannungsmusik nach Wahl als Hintergrundmusik laufen lassen und den Raum in Schwarzlicht tauchen.
Die Ausstellung für Besucher (Eltern, Interessierte) öffnen.

Gespensterausstellung

Alter: ab 4 Jahren
Material: Schwarzer Fotokarton (DIN A3), phosphoreszierende Farbe, Stifte und Pinsel, evtl. Ackerfolie zum Abdunkeln des Raumes, Taschenlampen

Auf schwarzen Fotokarton malen die KünstlerInnen Gespenster mit Bleistift vor und malen diese mit phosphoreszierender Farbe (Leuchtstifte, s. Anhang) aus.
Sind die Bilder fertig gestellt, den Snoezelen-Raum als Ausstellungsraum vorbereiten.
Der Raum muss gut abzudunkeln sein, damit der Effekt auch zur Wirkung kommt. Die KünstlerInnen leuchten ihre Kunstwerke mit einer Taschenlampe an, damit die Farbpigmente das Licht speichern können.
Sind alle Bilder mit Weißlicht bestrahlt, können die Besucher die Ausstellung besichtigen. Die KünstlerInnen stehen bei ihren Bildern und leihen ihrem Gespenst ihre Stimme.

Taktile Wahrnehmung – Fun-Tastereien

Während wir in der somatischen Wahrnehmung über die gesamte Haut wahrnehmen, beschränkt sich die taktile Wahrnehmung hauptsächlich auf die Hände. Die meisten Tastkörperchen befinden sich an den Handtellern und Fußsohlen. Mit ihnen „begreifen" wir unsere Umwelt. Auch Kopfhaare und Körperhärchen sind Berührungsfelder. Ihre Wurzeln in der Haut sind von feinen, empfindlichen Nervenfasern umschlungen, die jede Bewegung des Haares wahrnehmen.

Wir nehmen über Berührung passiv wahr, können aber auch aktiv wahrnehmen und z. B. mit unseren Händen Materialien selbst erkunden. Ein Baby hantiert mit Gegenständen und bei jedem Handgriff holt sich das reifende Gehirn neue Informationen aus der Umwelt und bereichert seinen Erfahrungsschatz. Auch der Mund ist ein hervorragendes Tastorgan, dies zeigen uns Kleinkinder, die fast alles zunächst in den Mund stecken, um es so zu erkunden.
Die Hand dient uns als Tastorgan, aber auch als Werkzeug. Sie kann streicheln, trommeln, schlagen, Dinge verändern. Sie zeichnet sich dadurch aus, dass sie die Umwelt sowohl erkunden als auch verändern kann. Das können die anderen Sinnesorgane nicht.
Am besten können wir unsere Umwelt ertasten, wenn die Augen dabei verbunden oder einfach geschlossen sind.

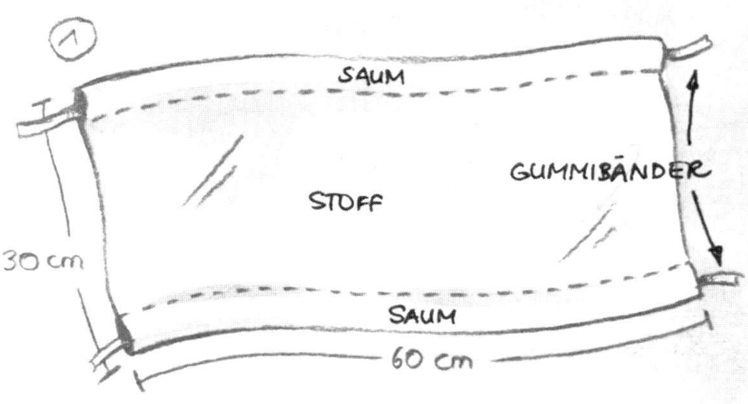

Fühlschlauch

Material: Schlauchverband (Apotheke), Füllmaterial (Reis, Trockenerbsen, Hirse, Mais, Tannenzapfen etc.)

Den Schlauchverband entrollen und am Ende des Schlauches einen Knoten machen.
Ein Material (z. B. Reis) in den Schlauch füllen und mit einem Knoten verschließen. Das nächste Material einfüllen, wiederum verschließen usw., bis der ganze Schlauch aus aneinander gereihten, unterschiedlich gefüllten Kissen besteht.
Während die Snoezeler entspannt auf den Matten liegen, den Fühlschlauch im Snoezelen-Raum mit geschlossenen Augen weitergeben.

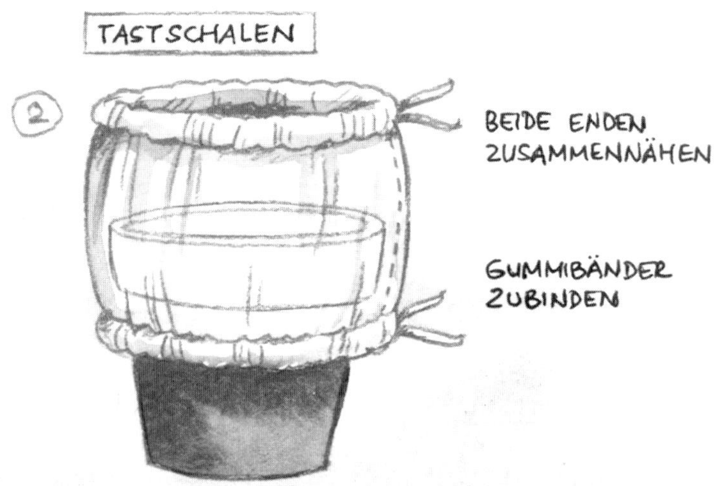

Tastmonsterchen

Material: Waschhandschuh, Wolle, Reis, Nähmaschine, Nadel, Faden

Den Waschhandschuh auf links drehen und bis auf eine kleine Öffnung zunähen. Den Waschlappen wieder auf rechts wenden und durch das Loch locker mit Reis füllen. Den Saum schließen. Mit der Wolle Augen aufsticken. Eine Wollquaste herstellen und als Haare an das Monsterchens nähen.
Jedes Kind kann sein Tastmonsterchen mit zum Snoezelen nehmen.

Tastschalen

Material: große Tonblumentöpfe, Füllmaterial (ungesponnene Wolle, Sand, Kies, getrocknete Bohnen, Erbsen und Kräuter, Reis o. Ä.), Baumwollstoff (30 x 60 cm pro Topf), Schere, Nähmaschine, Gummiband, Sicherheitsnadel

Ungesponnene Wolle, Sand, Kies, getrocknete Bohnen, Erbsen und Kräuter, Reis und viele andere Naturprodukte jeweils lose in einen der Tontöpfe füllen.
Für jeden Topf aus dem Stoff einen Eingriffsschaft nähen:
An beiden Längsseiten einen Saum von 3 cm nähen. Die nicht gesäumten Seiten zusammennähen, der Saum am oberen und unteren Ende bleibt dabei offen, damit jeweils ein Gummiband eingezogen werden kann.
Den Stoffschlauch über den Blumentopf stülpen.
Das untere Gummiband so regulieren, dass der Saum fest um den Topf anliegt. Der obere Rand bildet das Eingriffsloch. Das Gummiband so eng zusammenziehen, dass eine Hand zwar hindurchpasst, aber das Topfinnere für die Augen im Verborgenen bleibt.

Sandfrosch

Material: fester Baumwollstoff (30 x 60 cm), Pauspapier, Schere, Nähmaschine, Sand, Stricknadel, große Schale o. Ä.

Nach unten stehender Vorlage den Frosch (entsprechend vergrößert) auf das Pauspapier übertragen und ausschneiden.
Den Baumwollstoff rechts auf rechts zu einem 30 x 30 cm großen Viereck falten, die Schablone mit Stecknadeln anheften und den Umriss mit etwas Nahtzugabe ausschneiden.
Beide Teile mit der Maschine auf der Innenseite zusammennähen, dabei ein bisschen von der Naht offen lassen. Durch das Loch den Stoff auf rechts drehen und mit der Stricknadel die „Froschfinger" herausdrücken.
Über einer großen Schale den Sand locker einfüllen.
Die offene Naht mit der Hand gründlich zunähen.

Tastbretter

Material: Einige Brettchen (Sperrholz oder Spanplatte 50 x 70 cm, ca. 18 mm stark), verschiedene Kunststoff-, Naturbodenbeläge, Sisal- oder Kokosmatten, verschiedene Teppichbodenreste, Stoffe verschiedener Gewebearten, Wolle, Schnüre, Kork, Rinde, kleine Holzscheiben, Schwämme, Klebstoff, Tacker, Tücher zum Augen verbinden.

Auf die Brettchen die verschiedenen Materialien entweder festtackern oder bei Gewebe und leichten Materialien aufkleben.
Pro Brett immer nur eine Materialart wählen.
Die Brettchen mit geschlossenen Augen ertasten.

Tastvorhänge

Material: Holzlatte (80 cm pro Vorhang), Schnur, Befestigung für die Decke (je nach Raumbeschaffenheit), Tastmaterial (Wollfäden, Stoffstreifen, lederne Schnürsenkel, verschiedene Seile, Kunststoffbänder, Plastikstreifen, Holzperlenschnüre etc.), Tücher zum Augen verbinden

An der Holzlatte die verschiedenen Tastmaterialien mit Schnur gut befestigen. Pro Latte höchstens drei unterschiedliche Materialien und diese nicht zu sparsam verwenden, sonst entsteht kein Tasteindruck und das Gefühlte bleibt diffus.
Die Tastvorhänge sollten nicht ganz zum Boden reichen, damit sich niemand darin verheddern kann.
Die Vorhänge so im Raum verteilen, dass die BesucherInnen mit verbundenen Augen einen Rundgang durch die Vorhänge unternehmen können. Geführt werden sie von einer sehenden Person.

Tastsäulen

Material: Teppichbodenkerne (Teppichmarkt), Teppichbodenmusterstücke und Reste (ebenda), Stoffreste, Schaumstoff etc., Schnüre oder Klebstoff

Die Teppichbodenkerne mit den unterschiedlichen Tastmaterialien verkleiden. Um dem Ganzen einen weichen Untergrund zu geben, unter dem Tastmaterial an einigen Stellen Schaumgummi anbringen.
Teppichbodenkerne können senkrecht als Säulen installiert, aber auch mobil über die Kinder gerollt werden.

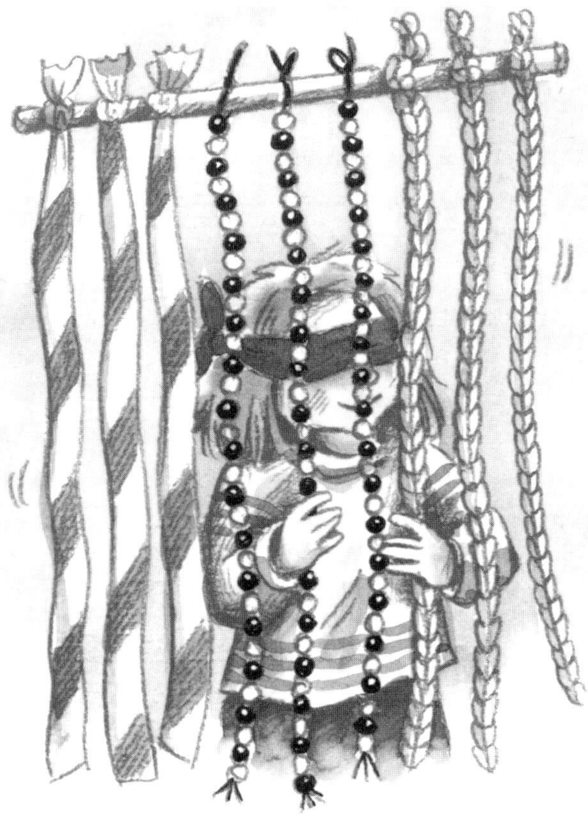

Quetschgesichter

Alter: ab 4 Jahren
Material: pro Quetschgesicht 2 Ballons, Einfülltrichter, Mehl, wasserfester Filzstift

Mit dem Einfülltrichter Mehl in den ersten Ballon einfüllen und diesen verknoten. Den zweiten Ballon an seiner Öffnung etwas abschneiden und über den gefüllten Ballon stülpen – dabei darauf achten, dass der Knoten gut verdeckt ist.
Mit dem Filzstift ein Gesicht aufmalen.
Der Kopf lässt sich mit den Händen so verformen, dass daraus immer wieder neue „Quetschgesichter“ entstehen.

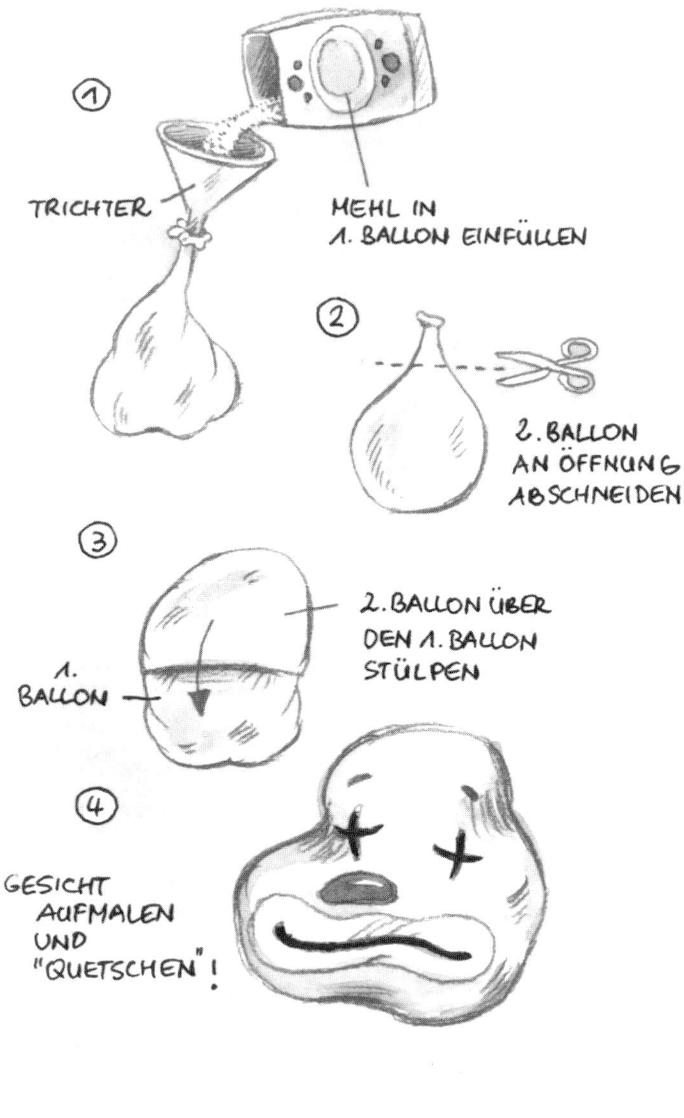

Barfußereien

Nicht nur die Hände, auch die Füße besitzen ein hohes, taktiles Unterscheidungsvermögen. Es ist schade, dass sie im Alltag für diesen Zweck so wenig zum Einsatz kommen.

Fußbad

Material: pro Kind: 1 Plastikwännchen und ein Handtuch (von zu Hause), Fußbad (Rosmarinöl und Zitronenöl, vgl. S. 99), zur Bodenabdeckung Ackerfolie o. Ä. (Landhandel), Gießkanne, Entspannungsmusik nach Wahl

Die Füße entspannen am besten in einem angenehm temperierten Fußbad:
In lauwarmes Wasser 5 Tropfen Rosmarinöl und 3 Tropfen Zitronenöl geben.
Rosmarin wirkt erwärmend und durchblutungsfördernd, Zitrone erfrischt die Füße und belebt.

Im vorderen Bereich des Snoezelen-Raumes eine Ackerfolie auslegen, damit der Boden vor Spritzwasser geschützt ist.

Hinweis: Die Kinder vor dem Fußbad unbedingt zur die Toilette gehen lassen!

Die Kinder ziehen Schuhe und Strümpfe aus, nehmen ihr Fußwännchen und ihr Handtuch und setzen sich im Snoezelen-Raum auf die Ackerfolie.
Die BetreuerInnen holen in Gießkannen warmes Wasser und befüllen damit reihum die Fußwännchen.

Nun reichen sich die Kinder die ätherischen Öle weiter und stellen damit nach oben angegebener Mengenangabe ihr eigenes Fußbad her.
Haben alle ihr Wasser auf diese Weise vorbereitet, beginnt das gemeinsame Fußbad. Unterlegt von Entspannungsmusik, genießen die Kinder das Bad ca. 10 Minuten. Danach die Füße tüchtig mit dem Handtuch abrubbeln. Die BetreuerInnen tragen in der Zeit die Fußwännchen zum Ausschütten in den Waschraum.
Anschließend kann eine Fußmassage folgen...

Fußmassage

Material: Massageöl (aus der Apotheke oder selbst hergestellt, vgl. S. 102)

Jedes Kind massiert seine Füße:
Etwas Massageöl auf die Hände geben und die Fußsohlen bis zu den Rändern ausstreichen. Nacheinander jeden Zeh und die Zwischenräume durchkneten.

Fußeln

Material: Decken

Die Kinder ziehen Schuhe und Strümpfe aus. Sie setzen sich im Kreis auf die Snoezelen-Matten und die BetreuerIn legt eine oder mehrere große Decken über Füße und Beine der Kinder, sodass diese nur noch mit ihrem Oberkörper sichtbar sind.
Die Kinder begeben sich jetzt auf Erkundung mit ihren Füßen. Sie nehmen untereinander Kontakt auf und raten, welcher Fuß zu welchem Kind gehört.
Hinweis: Kein Kind darf dabei mit den Füßen treten!

Fußweg

Material: unterschiedliche Bodenbeläge (Teppichfliesen, Sisalboden, Flickenteppiche, weiche Decken, Fußmatten unterschiedlicher Beschaffenheit etc.), Tücher zum Augen verbinden

Die unterschiedlichen Tastobjekte auf dem Boden auslegen.
Die Kinder ziehen Schuhe und Strümpfe aus und gehen paarweise zusammen.
Ein Kind ist jeweils Blindenführer, das andere Kind ertastet mit verbundenen Augen den Fußweg. Danach die Rollen tauschen.

Mit den Füßen sehen

Material: alle verfügbaren Matten, Kissen und sonstigen Materialien die nicht (!) scharfkantig sind, Ackerfolie zur Bodenabdeckung

Alle Matten, Decken, Kissen und weichen Fühlobjekte im Snoezelen-Raum verteilen, aufhäufen etc., sodass eine riesige Bewegungslandschaft mit unterschiedlichen Höhen entsteht. Über die ganzen Materialen die Ackerfolie legen, damit die Bewegungslandschaft „unsichtbar" wird.

Die Kinder erkunden nun nacheinander die Mattenlandschaft und können zum Schluss gemeinsam auf den verschiedenen Unterlagen herumpurzeln.

Olfaktorische Wahrnehmung – Immer der Nase nach

Der Geruchsinn ist bei vielen Tierarten der hauptsächliche Orientierungssinn. Die Nase ist beim Menschen weniger gut ausgebildet. Geruchsinn und Geschmackssinn sind sehr eng miteinander verknüpft.

Duftstoffe werden im Snoezelen-Raum eingesetzt, um den Geruchsinn zu sensibilisieren. Die Menschen der Vor- und Frühgeschichte ließen sich viel stärker von ihrem Geruchsinn leiten und kannten sich bestens aus mit den Heilwirkungen verschiedener Pflanzen und deren praktischer Anwendung. Sie umgaben sich nicht nur mit duftenden Blumen und Blüten, sondern sie verbrannten auch aromatische Pflanzen, um böse Geister zu vertreiben oder um die Götter wohlwollend zu stimmen. Archäologische Funde beweisen, dass die Menschen schon vor zehntausend Jahren aromatische Heilkräuter auf vielfältige Art und Weise verwendeten. Kultiviert wurden die ersten aromatischen Pflanzen vermutlich 5000 vor Christus in der Gegend des heutigen Pakistan. (vgl. Meyer)

In Ägypten beispielsweise spielten aromatische Heilpflanzen und die daraus gewonnenen Essenzen und wohlriechenden Harze eine wichtige Rolle. Duftende Essenzen begleiteten die Ägypter noch über den Tod hinaus durch Einbalsamierungen mit Ölen aus Zedernholz, Zimt und Myrrhe. Es entwickelte sich im Orient ein reger Handel mit ätherischen Ölen und aromatischen Hölzern. Mit Kamelen wurden die duftenden Essenzen aus Indien nach Ägypten geholt und von dort weiter vertrieben.

Auch in der Bibel weisen zahlreiche Stellen auf die Verwendung von duftenden Salbölen hin. In Asien haben aromatische Heilpflanzen und Duftstoffe ihren festen Platz im alltäglichen Leben.

In Europa nahm die Entwicklung der aromatischen Pflanzen und die daraus bereiteten ätherischen Öle eine andere Richtung. Ab der Renaissance entwickelten sich die Essenzen immer mehr zu Parfums. Aus der handwerklichen Destillierkunst des 15. und 16. Jahrhunderts entwickelte sich allmählich die große Parfumindustrie, wie wir sie heute kennen.

Wirkung von Düften – Ätherische Öle

Ätherische Öle sind Essenzen, die durch Destillation oder Kaltpressung aus unterschiedlichen Heilpflanzen gewonnen werden. Auch bei den Pflanzen besteht ein Zusammenhang zwischen Farbe und Wirkungsweise. So wirkt beispielsweise das Blau-Violett des Lavendels beruhigend und das Gelb der Zitrone aktivierend.

Die Aromatherapie nutzt die verschiedenen Wirkungen von Heilpflanzen. Im Gegensatz zur Naturheilkunde wird bei der Aromatherapie nicht die ganze Pflanze verwendet, sondern mit dem Geist der Pflanze, der feinstofflichen Essenz geheilt. Sinn der Aromatherapie ist es nicht, unangenehme Gerüche mit Blütendüften zu übertünchen, sondern unseren Geruchsinn wieder zu sensibilisieren.

Der Hauptanwendungsbereich von ätherischen Ölen ist die Aromalampe, über die sich Duftmoleküle im ganzen Raum verbreiten lassen. Dabei gelangen die Duftmoleküle zunächst in die Nasenhöhle, an deren oberen Ende sie auf das Riechfeld treffen, ein etwa sieben Quadratzentimeter großer Teil der Nasenschleimhaut, der aus etwa 10 Millionen Riechzellen besteht. Jede einzelne Riechzelle ist mit sechs bis acht Flimmerhärchen besetzt. Diese sind wiederum umgeben von Rezeptoren, die so beschaffen sind, dass sie die ankommenden Duftmoleküle wie unterschiedlich große Mosaiksteine einsortieren und aufnehmen können. Durch diesen Kontakt entstehen chemische Reaktionen, die als elektrische Impulse von den Nervenzellen an die Steuerzentren des Gehirns, den Hypothalamus und Thalamus, weitergeleitet werden. Sie gehören zum limbischen System, dem ältesten Teil des Gehirns, hier sind alle frühen Wahrnehmungen gespeichert. Bestimmte Gerüche erinnern uns an bestimmte Situationen. Sei es ein bestimmter Geruch, der uns an den Schulranzen der ersten Klasse erinnert, ein bestimmter Geruch, der uns an Weihnachtsplätzchen erinnert usw. Das Phänomen des Riechens konnte auf Grund seiner hochkomplizierten Abläufe bis heute nicht vollständig entschlüsselt werden. Trotzdem beeinflussen uns die verschiedenen Duftstoffe stärker, als bisher angenommen.

Hinweise zum Umgang mit ätherischen Ölen

Bei ätherischen Ölen handelt es sich zwar um naturreine, aber auch hochkonzentrierte Essenzen, bei deren Anwendung einige Regeln bedacht werden sollten.

- Beim Kauf auf die Qualität der Essenzen achten! Nur 100 % naturreine Öle kaufen. Am sichersten ist der Kauf in Apotheken oder Naturkostläden. Billige Parfumöle verursachen bei Gebrauch Kopfschmerzen und Übelkeit.
- Vor dem Kauf probeschnuppern. Es ist schade, wenn man ein Öl hinterher „nicht riechen“ kann.
- Ätherische Öle sparsam verwenden. Oft genügen in der Aromalampe 3 – 5 Tropfen der Essenz.
- Beim Einsatz von ätherischen Ölen nicht immer das gleiche Öl verwenden. Unterschiedliche Öle differenzieren den Geruchssinn besser aus. Keine Duftmischungen aus allzu vielen Essenzen verwenden.
- Öle nicht in die Augen und Schleimhäute bringen und für Kinder unzugänglich aufbewahren.

Ätherische Öle für Kindernasen

Die Öle werden in Kopf-, Herz- und Basisnoten unterteilt. Dies bezieht sich auf die Verdunstungsgeschwindigkeit der Duftstoffe: Kopfnoten sind Duftstoffe, die sehr schnell verdunsten, Herznoten sind länger zu riechen, Basisnoten bleiben am längsten im Raum (vgl. Jermann).

Kopfnoten

- **Bergamotte**

wirkt anregend, aufmunternd, entspannend und beruhigend. Gemischt mit Lavendel (Mischungsverhältnis 4:2) für klares, zuversichtliches Arbeiten. (Geeignet für Schule.) Mischung mit Lavendel, Limette, Mandarine und Sandelholz für fröhliche Entspannung.

- **Eukalyptus**

wirkt anregend, krampflösend, hustenstillend und schleimlösend. Gemischt mit Lavendel und Kiefer hilft es bei Erkältung.

- **Minze**

wirkt wie eine Frischedusche fürs Gedächtnis. Minze sparsam und nicht zu häufig verwenden, sie wirkt sonst als Nervengift! Gemischt mit Lavendel (2:3) schafft es eine „coole" Atmosphäre.

- **Lemongrass**

wirkt erfrischend, belebend, ermunternd und anregend. Unterstützt die Konzentration und Ausdauer. Gut zu mischen mit Eukalyptus, Geranie, Weißtanne und Lavendel.

- **Mandarine/Orange**

wirkt erfrischend, aufheiternd, inspirierend und aufbauend. Sorgt für sonnige Heiterkeit. Gemischt mit Sandelholz (5:2) verwöhnt es in der Winterzeit. Gemischt mit Jasmin und Zimtrinde (5:1:1) passt es zu „Reise zur Trauminsel" (vgl. CD s. Anhang). Gemischt mit Lavendel (5:2) unterstützt es entspanntes Arbeiten. Gemischt mit Vanille (3:3) ist es ein fröhlicher Kinderduft.

- **Zitrone**

wirkt erfrischend und belebend, bringt Leichtigkeit in den Alltag und erleichtert geistiges Arbeiten. Gemischt mit Weißtanne (5:2) ist es ein frischer Arbeitsduft. Gemischt mit Lavendel und Weißtanne ist es ein Duft für Geistesblitze. Gemischt mit Honig, Kakao und Vanille (5:2:1:1) ist es ein prima Kindernasenduft.

Herznoten

- **Geranie**

wirkt entspannend, ermutigend und harmonisierend. Rosengeranie vertreibt Insekten. Lässt sich gut mischen mit Honig, Mandarine, Rose.

- **Römische Kamille**

(Achtung: kann bei Verschlucken Lungenschäden verursachen!) wirkt beruhigend. Geleitet sanft in tiefen Schlaf und beschützt Träume. Gemischt mit Lavendel (2:2) sorgt sie für eine gute Nacht.

- **Lavendel**

wirkt beruhigend und ausgleichend, reinigend und aufbauend. Gemischt mit Zitrone (2:4) wirkt es erheiternd und frisch. Gemischt mit Orange (2:4) zum wohlfühlen.

- **Rose**

wirkt harmonisierend, aufhellend, entspannend, sinnlich anregend. Sehr kostbare Essenz: ein Tropfen genügt, denn er enthält den Duft von dreißig Rosenblüten. Lässt sich gut mischen mit Jasmin, Lavendel, Melisse und Sandelholz.

- **Weißtanne**

wirkt erholsam und schafft neue Klarheit wie ein Spaziergang im Wald. Geeignet für einen Waldspaziergang in der Fantasie. Verbessert die Raumluft – 3 bis 4 Tropfen in die Duftlampe. Eignet sich auch für eine Fußmassage, stärkt die Abwehrkräfte. 2 Tropfen in Hautöl geben.

- **Ingwer**
wirkt wärmend, anregend. Nicht ohne Mischung anwenden, riecht zu streng. Gemischt mit Jasmin, Orange (2:2:4) stärkt es Helden.
- **Jasmin**
wirkt entspannend, harmonisierend. Erinnert an eine Nacht unter südlichem Himmel. Ist sehr teuer, kann aber auch sehr sparsam dosiert werden. Gemischt mit Mandarine entspannt es die Atmosphäre auf angenehme Art.
- **Muskatellersalbei**
wirkt entspannend, anregend, inspirierend, stimulierend, entzündungshemmend.
Harmoniert gut mit Lavendel, Orange und Sandelholz.
- **Nelke**
fördert die Fantasie und Beweglichkeit im Denken. Gemischt mit Zimt, Jasmin und Orange (1:1:1:5) herrlicher Weihnachtsduft. Auch Nelke und Orange (1:5) ist ein schöner Duft für die Adventszeit.

Basisnoten

- **Honig**
wirkt ausgleichend und schenkt Geborgenheit. Gemischt mit Vanille und Mandarine (2:2:6).
- **Kakao**
wirkt als Seelentröster. Gemischt mit Vanille, Mandarine (1:2:5); Kakao, Benzoe, Limette (1:2:5), Kakao, Vanille, Rose, Mandarine (2:2:1:4); Kakao, Honig, Jasmin, Patchouli (2:2:1:1) – ein orientalischer Traum für Jugendliche.
- **Patchouli**
für die Märchenstunde, wenn aus alten muffigen Märchenbüchern vorgelesen wird. Lässt sich gut mischen mit Bergamotte, Lavendel, Rose, Zitrone.
- **Sandelholz**
wirkt beruhigend, ausgleichend, stimulierend, erwärmend. Für Entspannung und Meditation. Gemischt mit Vanille und Mandarine (2:2:5).
- **Vanille**
gibt warme Geborgenheit. Bestens für Kinder geeignet. Gemischt mit Mandarine (2:4) ein Duft für die Kleinen.
- **Zimtrinde**
wirkt stimulierend, erwärmend und entkrampfend. Unterstützt kreative Pausen. Bei Kindern beliebt. Lässt viele Mischungen zu: mit Honig und Zitrone. Mit Jasmin und Zitrone. Mit Weißtanne, Jasmin, Zitrone für die Festtage und mit Nelke, Vanille, Orange wirkt sie ganz heimelig.

Anwendungsmöglichkeiten für ätherische Öle

Neben der Verwendung in der Aromalampe gibt es eine Reihe von fantasievollen Anregungsbeispielen mit ätherischen Ölen, die im Snoezelen-Raum angeboten werden können.

Duftbar

Alter: ab 4 Jahren
Material: verschließbare leere Mineralwasserflaschen, Wattebäusche, Kinderdüfte (verschiedene ätherische Öle, S. 99 ff.), Klebeetiketten, Filzstift

Pro Mineralwasserflasche einen Wattebausch mit einem Kinderduft beträufeln, diesen in die (trockene) Mineralwasserflasche geben und den Deckel der Flasche festschrauben, so entweicht der Duft nur bei Bedarf.
Bei der Auswahl der Düfte darauf achten, dass sie für die Kinder gut unterscheidbar sind.
Auf den Flaschenboden ein kleines Kleberchen mit dem Namen des Duftes kleben.
Die Kinder können die Düfte einzeln erschnuppern und auf dem Deckelboden nachschauen oder prüfen lassen, ob sie den Duft erraten haben.

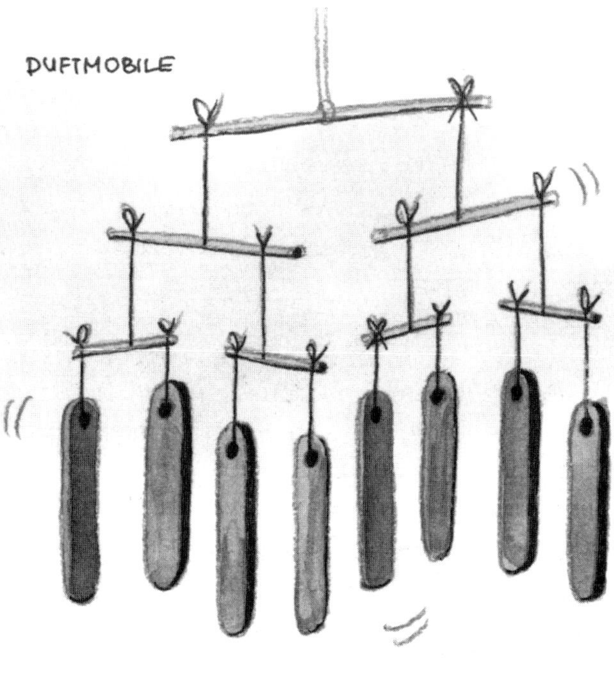

Duftmobiles

Das Grundgerüst für ein Mobile herstellen. (Anleitung: Glitzermobile, S. 84)
Die Duftobjekte nach Wahl daran befestigen:

... mit Holzscheiben

Alter: ab 6 Jahren
Material: unbehandelte Holzscheibe (5 mm Stärke), Laubsäge, Schleifpapier, kleiner Handbohrer, alter Lappen, ätherisches Öl nach Wahl

Aus dem Holz verschiedene Stücke sägen. Mit Schleifpapier Ecken und Rundungen glatt schleifen. Mit dem Handbohrer ein kleines Loch für die Aufhängung in die Holzscheiben bohren. Mit dem Lappen das ätherische Öl einreiben. Die Scheiben am Mobile befestigen und austarieren.

... mit unglasiertem Ton

Alter: ab 6 Jahren
Material: Ton (oder tonähnliche Modelliermasse), Wellholz, Wasser, Plätzchenformen, Stricknadel, Brettchen als Unterlage, Lappen, Töpferofen (oder Backofen), ätherisches Öl

Die Hände mit etwas Wasser befeuchten.
Den Ton zu einem Klumpen formen und auf dem Brettchen zu einer dünnen Platte auswellen.
Mit den Ausstechförmchen verschiedene Formen ausstechen.
Mit der Stricknadel ein Loch für die Aufhängung bohren.
Die Tonformen trocknen lassen und brennen.
Mit ätherischem Öl nach Wahl beträufeln.
Die Formen am Mobile befestigen und austarieren.

... mit Filzstückchen

Alter: ab 4 Jahren
Material: Filz, Schere, ätherisches Öl

Aus dem Filz verschiedene Formen nach Wahl ausschneiden.
Mit der Schere ein kleines Loch für die Aufhängung bohren.
Mit ätherischem Öl beträufeln.
Am Mobile befestigen und austarieren.

Duftkerzen

Alter: ab 6 Jahren
Material: dicke Kerzen, Streichhölzer, feuerfeste Unterlage, ätherisches Öl nach Wahl

Die Kerze entzünden und eine Weile brennen lassen: es bildet sich um den Docht flüssiges Wachs. Die Kerze auspusten (ätherisches Öl darf wegen seiner Brennbarkeit nicht direkt in die Flamme gespritzt werden). 2 – 3 Tropfen des Öles in das flüssige Wachs geben. Die Duftmoleküle werden im flüssigen Wachs eingeschlossen.
Die Kerze kann danach wieder angezündet werden und als Duftkerze weiterbrennen. Aber auch noch nach einigen Tagen gibt sie den Duft nach dem Anzünden wieder frei.

Massageöl

Massageöle lassen sich leicht selbst herstellen. Neben ätherischen Ölen braucht man nur ein Basisöl. Am besten eignet sich Jojobaöl, weil es nicht ranzig wird.

Material: Jojobaöl (Apotheke), gereinigtes, verschließbares Marmeladenglas, Esslöffel, ätherisches Öl nach Wahl

Zur Entspannung:
Lavendel, Melisse, Kamille, Rosenöl
Für empfindliche Haut:
Sandelholz, Kamilleöl, Honig
Orientalischer Traum:
Sandelholz, Patchouli, Vanille

2 – 3 Esslöffel Öl in das Marmeladenglas geben und mit etwa 5 Tropfen ätherischem Öl nach Wunsch mischen. Das Glas schließen und gut „schütteln".

Elefantenohrmassage

Material: Jojobaöl, Lavendelöl, Orangen- oder Mandarinenöl, Teller

Etwas Jojobaöl auf einen Teller geben und mit 1 Tropfen Lavendel und einem Tropfen Orange oder Mandarine mischen. Den Teller herumreichen, damit sich jeder mit dem Zeigefinger ein wenig von der Mischung nehmen kann. Damit die Ohren eine Minute lang massieren.
Nach dieser Ohrmassage können die Kinder gut Neues aufnehmen.

Kinderparfum

Alter: ab 4 Jahren
Material: kleine Braunglasfläschchen (10 ml, Apotheke), Jojobaöl, ätherisches Öl

Rosenparfum: 2 Tropfen Rose
Kinderparfum: Mandarine, Vanille (4:4)
Kakao, Vanille, Rose, Mandarine (4:4:2:8).
Für Ältere: Patchouli oder Jasmin

8 ml Jojobaöl in das Fläschchen geben. Ätherisches Öl nach Wahl hineintröpfeln. Das Fläschchen gut verschließen. Gut schütteln!

Verwendung von getrockneten Kräutern

Durch Reiben und durch die Wärme unserer Haut entweichen getrockneten Kräutern ebenfalls ätherische Öle. Allerdings sind sie viel milder als reine ätherische Öle.

Kräuterkissen

für den Snoezelen-Raum und für zu Hause

Material: Kissen mit weicher Füllung (Federn oder Füllwatte), Kissenbezug mit Reißverschluss, getrocknete Duftkräuter, Blüten oder Schalen, evtl. ätherische Öle

Einfach über ein fertiges Kissen mit weicher Füllung eine zweite Kissenhülle ziehen. Zwischen Kissen und Hülle die Kräuter, Blüten oder Schalen füllen und evtl. mit etwas Duftöl beträufeln.

Traumkissen

Duftfüllung:
40 g getrocknete Orangenschale
40 g Lavendelblüten
20 g Rosenblüten
3 Tropfen Lavendelöl

Schlafkissen

Duftfüllung:
40 g getrocknete Zitronenmelisse (aus dem heimischen Garten, Wirkung: harmonisierend, stärkend, schützend, beruhigend)
40 g Lavendelblüten
3 Tropfen Lavendelöl
3 Tropfen Melisseöl

Orientalisches Kissen

Duftfüllung:
80 g getrocknete Rosenblätter
5 Tropfen Sandelholzöl

Erfrischungskissen

Duftfüllung:
40 g getrocknete Pfefferminzblätter
40 g getrocknete Rosmarinblätter (zermahlen, sonst pieksen sie
2 Tropfen Rosmarinöl

Duftsäckchen

Material: Baumwollstoff (Reste), 40 g Lavendelblüten und 2 Tropfen Lavendelöl pro Säckchen, Nähmaschine, Kordel

Mit der Nähmaschine kleine Säckchen nähen (ca. 10 x 15 cm). Diese mit Lavendelblüten füllen und mit Lavendelöl beträufeln. Mit der Kordel zusammenbinden.

Potpourries

Material: 40 g getrocknete Rosenblätter, 40 g Lavendelblüten, 1 Tropfen Rosenöl, 3 Tropfen Lavendelöl, schöne Schale

Im Snoezelen-Raum können zur angenehmen Raumatmosphäre auch Schalen mit getrockneten Blütenblättern aufgestellt werden, deren Duft mit einigen Tropfen ätherischem Öl verstärkt wird.

Weihnachtspotpourrie

Material: einige Tannenzapfen, getrocknete Hagebutten, weihnachtliche Gewürze (Sternanis, Ingwer, Nelke, Zimt), ätherisches Öl (Nelke, Zimtrinde, Jasmin, Orange (1:1:1:5), schöne Schale

Die Tannenzapfen, Sternanis, Ingwerstückchen, Zimtstangen, Nelken... mit feinem Golddraht umwickeln. Alle Gewürze mit den ätherischen Ölen beträufeln und eine Woche in luftdichter Dose ziehen lassen.
Anschließend in einer Schale dekorieren.

Räucherwerk im Snoezelen-Raum

Beim Räuchern werden aromatische Substanzen über einer Räucherkohle zum Verglühen gebracht. Der aufsteigende Rauch trägt die Duftstoffe nach oben und verteilt sie im Raum. Wie bei der Duftlampe auch, gelangen die Duftmoleküle in Berührung mit der Riechschleimhaut an der Nasenwurzel. Die Reize werden auf direktem Wege in das Zentrum des Gehirns weitergeleitet. Dort beeinflussen sie Gefühle, Stimmungen und Befinden (vgl. Fischer-Rizzi).

Das Wort „Parfum" leitet sich ab vom lateinischen per fumum, durch den Rauch. Schon an den steinzeitlichen Feuern entdeckten unsere Vorfahren, dass ein harzreiches Holzstück oder eine aromatische Pflanze einen besonders duftendenden Rauch entwickelt, der sie wohltuend umgab. Eine ausgeprägte Räucherkultur finden wir im gesamten Orient und in der indianischen Kultur. Aber auch die Kelten nahmen an Jahresfesten Räucherungen vor.

Räucherungen dienten sakralen Zwecken, um Gebete zu den Göttern zu tragen. Auch heute noch unterstützt es Gebet und Meditation bei allen großen Religionen. Früher desinfizierte man mit Räuchern auch Wohnräume und Ställe. Diese Tradition lebt weiter beim Räuchern der Sternsinger am Dreikönigstag.

Zum Räuchern brauchen wir ein Räuchergefäß. Es gibt Räucherschalen aus Ton oder Metall. Da die Räucherkohle sehr heiß wird, stehen Räucherschalen meist auf Füßchen. Dies verhindert, dass beim Räuchern die Hitze der Kohle die Unterlage versengt. Wir verwenden zum Räuchern eine im Durchmesser mindestens 10 cm große Schale und füllen diese mit Sand. Der Sand sollte 4 cm hoch sein, damit die Räucherkohle entfernt genug von der Unterlage liegt (vgl. Fischer-Rizzi).

Räucherwerk

Mit Räucherwerk verbinden wir zuallererst Weihrauch und Myrrhe, die Lieblingsdüfte der alten Ägypter vor ca. 6000 Jahren. Weihrauch war für die Ägypter der göttlichste Wohlgeruch schlechthin. Er begleitete Gebete, Opferungen, hohe Staatsakte und die täglichen Riten der Priester in den Tempeln. Weihrauch duftet balsamisch, würzig und zitrusartig. Reine Myrrhe duftet warm, balsamisch erdig, würzig. Arabien ist das Ursprungsland von Weihrauch und Myrrhe. Im heutigen Jemen und Oman an der Südküste der arabischen Halbinsel gediehen die Weihrauch- und Myrrhebäume in der steinigen Wüste. Vor 3000 Jahren brachte der Handel mit Weihrauch und Myrrhe der sagenumwobenen Königin von Saba unermesslichen Reichtum. Auf der ältesten Handelsstraße der Welt, der Weihrauchstraße, wurde in Kamelkarawanen eine Strecke von 3500 Kilometern Richtung Mittelmeer zurückgelegt.

Zur Ernte wird ein Weihrauchbaum an vielen Stellen der Rinde eingeritzt. Es tritt eine klebrige Flüssigkeit aus, die zu Harz gerinnt. Das heutige Weihrauchharz kommt meistens aus Oman und Somalia. Es gibt verschiedene Weihrauchsorten, die mehr oder weniger qualitätsvoll sind. Je besser der Weihrauch ist, umso zitrusartiger riecht er. Im Handel gibt es Weihrauchmischungen. Hierzu werden zu Weihrauch, Myrrhe und Benzoe Gewürze wie Zimt und Nelken oder Blüten wie Lavendel und Rosenblätter gegeben. Weihrauch hat viele heilende Wirkungen. Er wirkt keimtötend, desinfizierend, wundheilend, antirheumatisch und insektenabtötend. Er sorgt aber auch für eine gereinigte, klare Atmosphäre. Untersuchungen haben ergeben, dass ein Raum, der mit Weihrauch beräuchert wurde, den Schall der menschlichen Stimme besser überträgt.

Myrrheharz ist manchmal doppelt so teuer wie Weihrauch. Zusammen bilden sie das Paar des göttlichen Weihrauchs. Dabei wird Weihrauch der männliche Part, Myrrhe der weibliche Part zugeschrieben. Weihrauch war dem Geist und dem Himmel zugeordnet, Myrrhe dem Körper und der Erde. Sie wirkt erdend, beruhigend, verlangsamend und war in der Antike ein bekanntes und sehr geschätztes Heilmittel. Myrrhe wirkt wundheilend, gewebestärkend und narbenbildend. Eine Myrrheräucherung eignet sich, um uns Erdenfestigkeit zu verleihen.

Zimtrinde wurde in Ägypten zuerst über Arabien, später aus Ceylon eingeführt. Zimt hat eine hohe keimtötende Wirkung. Er verströmt einen warmen, würzigen und süßen Duft. Die ganze Rinde ist heute als Gewürz leicht erhältlich. Fast alle Menschen empfinden den Duft von Zimt als angenehm.

Räuchern

Material: Räucherschale, Kerze, Fächer, Räucherkohle, Pinzette, Streichhölzer, Räucherwerk (indianische oder orientalische Räuchermischung, siehe Anhang)
Hinweis: Im Handel werden Räucherkohlen in Form von Kohletabletten angeboten. Sie werden in Rollen zu jeweils 10 Stück verkauft. Darauf achten, dass sie trocken aufbewahrt werden. Im Backofen kann man sie ggf. bei geringer Temperatur wieder trocknen.

In der Regel wird der Raum von einem Erwachsenen beräuchert, kurz gelüftet und dann erst von den Kindern betreten, denn die Rauchschwaden brennen ganz schön in Augen und Nase. Damit die Kinder das Räuchern erleben, sollten sie aber zum Vorführen einmal dabei sein!
Achtung bei Asthmatikern!

Vorbereitung:
Beim Räuchern werden unsere Sinne auf ganz feine Weise angeregt. Schon das Ritual, die Räucherutensilien bereit zu legen, lässt die Kinder ruhig und aufmerksam werden.
Zum Räuchern einen niedrigen Tisch in die Mitte des Snoezelen-Raumes stellen. Hierauf eine Marmorplatte oder ein Metalltablett legen. Das Räucherwerk in einer flachen Schale bereit legen. Eine Tonschale im Durchmesser von 30 cm oder eine große Salatschüssel aus Ton oder Glas 15 cm hoch mit feinem Sand (vom Strand, aus dem Sandkasten oder Vogelsand aus der Tierhandlung) füllen. Räucherkohle und Pinzette auf das Tablett legen. Einen feinen Fächer oder eine größere Vogelfeder bereithalten, mit der die Räucherkohle durch Luftzufuhr zum Glühen gebracht wird. Eine Kerze entzünden. Eine sanfte Musik (indianische oder orientalische Klänge) untermalen das Ritual.

Das Ritual:
Alle setzen sich im Kreis um den Räuchertisch. Ein Erwachsener hält mit der Pinzette die Räucherkohle über die Kerze und zündet sie an einer Seite an. Da die Räucherkohle selbstentzündend ist, fängt sie an zu knistern und an dieser Stelle zu glühen. Die Kohle vorsichtig in die Mitte der Schale auf den Sand legen. Mit dem Fächer kann nun jeder reihum der Kohle sanft Luft zuführen, damit die Kohle ganz durchglühen kann. Erst wenn sie nicht mehr knistert, eine Messerspitze Räucherwerk in die Mitte der Kohle legen. Die Kohlen können bis zu zwei Stunden glühen. Darum müssen sie beaufsichtigt werden.
Achtung: Keine entzündlichen Stoffe wie Vorhänge, Tücher, Papier etc. in die Nähe der Räucherschale bringen.

Soll die Kohle gelöscht werden, die Räucherschale auf dem Tablett zum Waschbecken tragen. Dort die Glühkohle mit der Pinzette unter den Wasserstrahl halten.

Gustatorische Wahrnehmung – Auf der Zunge zergehen lassen

Geruchs- und Geschmackssinn haben eine sehr enge Verbindung zueinander. Wir nehmen Speisen, die wir noch nicht gekostet haben, erst einmal über den Geruch wahr, andererseits wird das Schmecken durch das Riechen unterstützt.
Schmecken können wir nur süß und salzig (Rezeptoren hierfür liegen auf der Zungenspitze), sauer (wird hauptsächlich vom Zungenrand wahrgenommen) und bitter (wird vom hinteren Teil der Zunge wahrgenommen). Erst die Nase verhilft uns zu einer genaueren Geschmacksunterscheidung der verschiedenen Speisen.
Für den Snoezelen-Raum seien hier ein paar Anregungsbeispiele gegeben, die „den Gaumen überraschen" und die Geschmacksnerven anregen, ungewöhnliche Dinge zu probieren. Sie können einen Besuch im Snoezelen-Raum themenbezogen abrunden und für einen besonderen Akzent der Wahrnehmung sorgen.

Früchte der Trauminsel

Zutaten: Verschiedene exotische Früchte (Ananas, Papaya, Granatapfel, Kiwi, Mango, Lychee etc.)

Die Früchte klein schneiden und auf einem großen Tablett schön anrichten.
Nach der Reise zur Trauminsel (S. 33) als Überraschung servieren.
Die Kinder probieren die Früchte und gemeinsam wird überlegt, wie die jeweilige Frucht heißt.

Milchshakes

Zutaten: Bananen, Erdbeeren oder andere Früchte nach Wahl, evtl. etwas Vanillezucker, Milch

Verschiedene Milchshakes im Mixer vorbereiten. Nach der Snoezelen-Stunde Babytag (S. 47) den „wieder großen Kindern" als Überraschungsgetränk anbieten. Die Kinder probieren die Getränke und raten gemeinsam die Inhaltsstoffe.

Bonbons

Zutaten: 250 g Honig, ätherisches Öl (s.u.)

- **Zitronenbonbons:**
  5 Tr. Lemongrass + 5 Tr. Zitronenöl
- **Mandarinenbonbons:**
  5 Tr. Vanilleöl + 5 Tr. Mandarinenöl
- **Eukalyptusbonbons:**
  7 Tr. Eukalyptus + 3 Tr. Thymianöl
- **Hustenbonbons:**
  5 Tr. Anis + 5 Tr. Fenchelöl
- **Pfefferminzbonbons:**
  5 Tr. Pfefferminzöl + 5 Tr. Salbeiöl

Den Honig in einer Pfanne vorsichtig erhitzen. Er hat die richtige Temperatur erreicht, wenn er bei schnellem Abkühlen hart wird. Zur Probe einen Tropfen des heißen Honigs in etwas kaltes Wasser fallen lassen. Wird er fest, die Pfanne vom Feuer nehmen.
Ein paar Tropfen ätherisches Öl dazugeben und verrühren. Den Honig auf ein gefettetes Backblech schütten. Die Masse etwas abkühlen lassen und anschließend mit dem Messer in mundgerechte Stücke schneiden.

Snoezelen im Außenbereich

Es gibt unter den Anhängern von Snoezelen verschiedene Auffassungen, ob Snoezelen auch im Außenbereich möglich ist (vgl. hierzu Definition von Snoezelen S. 6). Während die einen der Auffassung sind, Snoezelen im Außenbereich müsse sich eng an die gestaltete Umgebung im Innenbereich anlehnen, vertreten andere die Meinung, Snoezelen sei in Anlehnung an so genannte Sinnesgärten auch im Außenbereich möglich. Eine dritte Gruppe ist der Auffassung, dass jegliche Wahrnehmungseindrücke, die auf Menschen positiv Einfluss nehmen, als Snoezelen zu verstehen sind (vgl. Mertens).

Waldspaziergang ohne Worte

Alter: ab 8 Jahren
Material: evtl. Papier und Stift

Wer erfahren hat, im Snoezelen-Raum zu entspannen und seine Sinne zu öffnen, der kann bei einem Spaziergang in der Natur ganz ähnliche Erfahrungen machen. Dazu ist es sinnvoll, gemeinsam zu verabreden, einmal nicht zu reden und zu versuchen, die verschiedenen Sinneseindrücke, die die Natur uns bietet, in Erinnerung zu behalten bzw. aufzuschreiben.
Nach dem Spaziergang erzählen die Gruppenmitglieder, was sie erlebt haben.

Snoezelen auf der Sommerwiese, am Bach, am Meer...

Was gibt es Schöneres, als auf einer Sommerwiese zu liegen und wirklich die Vögel zwitschern zu hören, wirklich den Bach gluckern zu hören, wirklich die Wolken vorbeiziehen zu sehen und wirklich die Wiese runterzurollen. Was gibt es Schöneres, als wirklich am Meer zu liegen, wirklich die Wellen rauschen zu hören, wirklich den warmen Sand unter den Füßen zu spüren... Ist das Snoezelen?

Der Schritt zum Snoezelen liegt vielleicht darin, dass Erwachsene erkennen, welchen Wert die zweckfreie Beschäftigung der Kinder mit allen Dingen, die die Umwelt bietet, hat. Vielleicht liegt ein Schlüssel darin, dass die PädagogInnen selbst wieder lernen, Zeit und Muße zu haben, die Sinneseindrücke aus der Umwelt jenseits von Stress, Termindruck und Reizüberflutung des Alltags zu genießen. Dann läge der methodische Kniff nur darin, solche Freiräume zu schaffen und die Kinder auf die Sinneseindrücke aus der Natur aufmerksam zu machen.

Snoezelen im Sinnesgarten

In vielen Einrichtungen der Behindertenhilfe und Altenpflege gehört ein Sinnesgarten als Außenanlage zur festen Ausstattung. Grundlage hierfür sind die von Kükelhaus entwickelten Geräte zur Sinneserfahrung, die 1967 erstmals bei der Weltausstellung in Montreal gezeigt wurden. Durch das „Erfahrungsfeld der Sinne" sollen, nach Kükelhaus, unterforderte Funktionen des Menschen neu entdeckt, ihre Sinne wieder belebt werden. Sinnliche Beschäftigung heißt, eine Pflanze z. B. nicht nur mit den Augen zu sehen, sondern auch mit den Ohren, der Nase, der Haut, mit den Händen, den Füßen – grundsätzlich ganzheitlich empfindend und erkennend wahrzunehmen (vgl. Zimmer). Im Sinnesgarten finden wir viele Geräte zur Auseinandersetzung mit den Phänomenen aus der Umwelt. In den Anregungen zur Sinneserfahrung werden exemplarisch Möglichkeiten geschaffen, in anschaulich erfahrbaren Zusammenhängen Wissen über die Natur, über sich selbst und über die Zusammenhänge zwischen Natur und Mensch kennen zu lernen. Es handelt sich auch um Geräte und Stationen, die Zugänge zu physikalischen Gesetzmäßigkeiten eröffnen.

Im Erfahrungsfeld der Sinne finden sich Geräte und Stationen zu allen Wahrnehmungsbereichen, wie im vorliegenden Buch beschrieben. Wir finden viele Geräte zur vestibulären Wahrnehmung, zur Schulung des Gleichgewichtssinns und damit verbunden dem Gehen. So gibt es in einem Sinnesgarten oft einen „Barfußweg", den man „blind" erläuft. Der Weg ist mit unterschiedlichen Bodenbelägen und in verschiedenen Ebenen angelegt. Wenn die visuelle Wahrnehmung ausgeschaltet ist und nur eine kleine schräge Ebene den Weg hinunterführt, ist es, als führe dieser kleine Schritt in absolute Untiefen.

Zur vestibulären Wahrnehmung gehört auch die große Balancierscheibe. Sie besteht aus einer kreisrunden Fläche, die sich nach allen Seiten senken kann. Stehen mehrere Besucher auf der Scheibe, wird mit der Bewegung jedes einzelnen die der anderen beeinflusst. Ein weiteres Highlight ist die Partnerschaukel: Sie ist so konstruiert, dass sich der Schwung einer Schaukel auf die gegenüberliegende zweite Schaukel überträgt und deren Schwung wieder auf die erste zurückwirkt. Zum Tasten werden meist Tonkrüge angeboten, wie sie bei der taktilen Wahrnehmung beschrieben sind (S. 93). Nicht fehlen dürfen Stationen zum Riechen und Schmecken. Summsteine ermöglichen eine akustovibratorische Wahrnehmung der eigenen Stimme: Große Steine sind ausgehöhlt und verleiten dazu den Kopf hineinzustecken. Wer im Summstein summt, bekommt die eigene Stimme als Klangdusche zurückgeworfen. Zu erwähnen sind auch die Optikscheiben von Kükelhaus: Eine weiße Scheibe im Durchmesser von 1 m ist mit schwarzen Sichelkreisen bemalt, die ineinander laufen. Durch Drehen der Scheibe werden optische Täuschungen hervorgerufen.

Hinweis: Wer Interesse hat, mehr über das Erfahrungsfeld der Sinne zu erfahren, dem sei ein Besuch in Schloss Freudenberg empfohlen. (Adresse s. Anhang)

Snoezelen im Zelt

Um es gleich vorweg zu sagen: Es ist nicht einfach, mit dem Raum- und vor allem Lichtkonzept des Snoezelen-Raumes für den Innenbereich nach außen zu gehen. Snoezelen wir im weißen Zelt, so können wir bei Tag die Lichtreflexe der Spiegelkugel oder die Faserpunkte der Ufolampe nicht sehen. Die Außenwand lässt die Lichtreflexe durch die Zeltwand nach außen schlüpfen und das Tageslicht ist so hell, dass die Lichtreflexe untergehen. Wir müssen also einigen Aufwand treiben, der das Snoezelen im Außenbereich dann aber reizvoll macht, z. B. bei Festen mit größeren Besucherzahlen als ein Angebot unter weiteren.

Material: Zelt (ca. 5 qm), stabile schwarze Ackerfolie mit weißer Beschichtung auf der Innenseite (Landhandel), weiße Matten und Sitzgelegenheiten, Blubbersäulen, Spiegelkugel, Musikanlage und weitere Materialien nach Wahl (vgl. Raumausstattung S. 11 ff.), Kabeltrommeln

Das Zelt an einem abgelegenen ruhigen Platz aufbauen. Liegt es neben einer Bühne mit Lautsprechern, kann die Entspannungsmusik nicht wirken. Über das Zelt eine zweite Haut aus Ackerfolie legen. Den Boden des Zeltes ebenfalls mit Ackerfolie (mit der weißen Schicht nach oben!) auslegen.

Die Kabeltrommeln vollständig entrollen (wegen Überhitzungsgefahr) und die Elektrizität so verlegen, dass sie unter der Bodenfolie verläuft. Die Spiegelkugel lässt sich am Gestänge des Zeltes aufhängen. Die Besucher bitten, am Eingang die Schuhe auszuziehen. Dazu auch im Zelt einen kleinen Vorraum einplanen.

Die Stunde einfach gestalten, da bei unbekannten BesucherInnen auch die Bedürfnislage und die Gruppendynamik unklar ist. Mit Sicherheit haben die BesucherInnen Freude daran, die Entspannungsmusik zu genießen, einen angenehmen Duft aus der Duftlampe zu riechen und eventuell einige optische Objekte zu betrachten.

Zum Aufbau von Snoezelen-Stunden

Wir alle wissen: „Rezepte" gibt es für den pädagogischen Bereich nicht. Immer ist die Stundengestaltung abhängig von den BesucherInnen des Snoezelen-Raumes, von der Altersstruktur der Gruppe und den Bedürfnissen der Einzelnen.

Jede Einheit ist somit einzigartig und nicht mit anderen zu vergleichen. Und doch lassen sich die in diesem Buch genannten Gestaltungsideen und Anregungsbeispiele auf ideale Weise miteinander verbinden und an individuelle Bedürfnisse anpassen.

Die Kunst besteht nun darin, wie aus einem guten Kochbuch ein „Menü" zusammenzustellen, das alle Gänge zu einem harmonischen Ganzen vereint. Die ausgewählten „Rezepte" helfen dabei, aus einzelnen guten Zutaten Köstlichkeiten zu kreieren, die keinen Bestandteil zu sehr „vorschmecken" lassen.

Da im Snoezelen-Raum Entspannung und Wahrnehmung eine Einheit bilden, können die Anregungsbeispiele aus diesen beiden Teilen dieses Buches miteinander verknüpft werden. Mit dem Wissen um die Wirkung der verschiedenen Elemente wird eine Reizüberflutung vermieden und Entspannung und Wahrnehmung für spezielle Themen vertieft.

Eine Einheit im Snoezelen-Raum könnte danach wie folgt gestaltet sein:

Beispiel für eine Snoezelen-Einheit

Thema: Ein Waldspaziergang

Alter: ab 6 Jahren
Material: Weißtanne als ätherisches Öl, Duftlampe (vgl. S. 98 ff.), vorbereitete Farbdias in den Farben Grün, Gelb und Blau (vgl. Farbenspiel selbst gemacht, S. 79), Diaprojektor, Spiegelfolie (S. 81), CD „Am Waldrand" von Martin Buntrock (vgl. S. 33), Entspannungsgeschichte „Der Waldspaziergang" (S. 48)

Raumvorbereitung:
Der Raum ist gut gelüftet und warm (in kalten Räumen lässt sich nicht entspannen). Die Snoezelen-Leitung hat die verschiedenen Materialien gerichtet. Eine Duftlampe verströmt einen angenehmen Duft.

Einstieg:
Die Snoezelen-Leitung empfängt die Snoezeler im Raum, bittet sie die Schuhe auszuziehen und lädt dazu ein sich bequem im Raum zu lagern.

Liegen alle gemütlich auf den Matten und Knautschkissen, beginnt die Einheit:

Ablauf:

- Die Snoezelen-Leitung schaltet die Entspannungsmusik ein. Sie achtet darauf, dass die Lautstärke gut reguliert ist – ist die Musik zu leise, erreicht sie die Snoezeler nicht und es entsteht keine Atmosphäre, ist sie zu laut, wirkt sie störend. Zu diesen ersten Klängen der Musik kann ein Leuchtobjekt eingeschaltet werden, z. B. die Wassersäule oder eine Ufolampe.
- Die Snoezeler genießen die angenehme Atmosphäre zu den ersten Klängen der Musik. Die Snoezelen-Leitung bobachtet, ob die TeilnehmerInnen gut entspannen. Sie weist bei Bedarf darauf hin, die gewählte Sitz- oder Liegeposition ruhig noch mal zu verändern, um optimal zu liegen.
- Die Snoezelen-Leitung gibt den TeilnehmerInnen ein paar Anregungen für die bewusste Köperatmung (vgl. S. 38), sodass sie die Gelegenheit haben, ihren Körper bewusster zu spüren und den Kopf von den momentanen Alltagsgedanken zu befreien.
- Scheinen die Snoezeler nun alle entspannt, dreht die Snoezelen-Leitung die Lautstärke langsam herunter, bis sie ganz ausgeblendet ist, aber weiter spielt.
  Nun erzählt sie die Traumgeschichte (S. 44) mit eigenen Worten. (Wenn dies nicht möglich ist, die Geschichte mit den notwendigen Pausen vorlesen.)
- Ist die Geschichte erzählt, haben die Snoezeler Zeit, die eigenen Bilder und Gefühle auszuleben. Nach einigen Minuten (bitte nach Situation entscheiden), die Rückreise (vgl. S. 39) in den Raum antreten.
- Als besonderes Bonbon kann die Snoezelen-Leitung nun mithilfe der Farbdias und des biegsamen Spiegels ein paar Lichtspiele an die Wand zaubern (vgl. S. 79). Die Musik dazu wieder lauter drehen.
- Den Spiegel zur Seite legen, den Diaprojektor wieder ausschalten, aber die Musik noch etwas spielen lassen. Nun diese langsam ausblenden und die Snoezeler wecken. Dies geschieht ganz behutsam (vgl. S. 39). Die TeilnehmerInnen können noch auf der Matte liegen bleiben und sich miteinander unterhalten und eventuell spontan Rückmeldungen über das Erlebte geben.
- Da die TeilnehmerInnen nach einer solchen Entspannung in der Regel gelöst und von heiterer Stimmung sind, kann sich ein Spiel aus der somatischen Wahrnehmung anschließen, um den Kreislauf wieder in Schwung zu bringen. Da die TeilnehmerInnen meist in dieser Situation weniger Probleme mit Körperkontakt haben, fragt die Snoezelen-Leitung, ob sie schon einmal von einer Wiese in Hanglage heruntergerollt sind. Mit Sicherheit haben das schon einige erlebt. Die Snoezelen-Leitung schlägt also vor, dies jetzt nachzuspielen. (siehe Förderband, S. 68). Bei dieser Aktion entsteht meist viel Gelächter und natürlich muss auch die Leitung über das Band rollen.
- Zum Abschluss stehen alle auf und schütteln sich kräftig aus. Sie setzen sich in einen Kreis und berichten, was sie erlebt haben und was ihnen am besten gefallen hat. Danach wird gemeinsam zusammengeräumt und die Snoezelen-Stunde ist beendet.

Anhang

Verwendete und weiterführende Literatur

BREHMER, C. UND LEPPER, M.: Snoezelen, über die Sinne zur Besinnung – Raum zur Entspannung. In: „Grundschule" 32. Jg. (2000) 2, 58-60

DEDERICH, MARKUS: Erleben – Erfahren – Begreifen, Lüneburg 1994

DITTMAR, SONJA: Snoezelen, Eine neue Dimension des Aktivierungs- und Betreuungsangebotes für Menschen im höheren Erwachsenenalter in Institutionen der Altenarbeit, Grasleben 2000

DEUTSCHE SNOEZELEN-STIFTUNG (HRSG.): Snoezelen in Deutschland, Königslutter 2000

FAUST-SIEHL, BAUER, BAUR, WALLASCHECK: Mit Kindern Stille entdecken, Frankfurt a. M. 1999

FISCHER-RIZZI, SUSANNE: Botschaft an den Himmel, München 1999

FRÖHLICH, ANDREAS (HRSG.): Wahrnehmungsstörungen und Wahrnehmungsförderung, Heidelberg 1986

HULSEGGE/ VERHEUL: Snoezelen, Eine andere Welt, Marburg 1993

JERMANN, IRIS: Immer der Nase nach, Kaufbeuren 1994

KÜKELHAUS, H: / ZUR LIPPE, R: Entfaltung der Sinne, Frankfurt 1984

LORENZO, LAURA: Das kleine Lexikon der Farben, Lemgo 1994

MAYER, AXEL: Das kleine Lexikon der Düfte, Lemgo 1998

MERTENS, KRISTA: Snoezelen – ein facettenreiches Arbeitsgebiet. In: Snoezelen in Deutschland, Königslutter 2000

MÜLLER, ELSE: Der Klang der Bilder, Frankfurt a. M. 2000

MÜLLER, ELSE: Du spürst unter deinen Füßen das Gras; Frankfurt a.M. 2000

PIAGET, J.: Das Erwachen der Intelligenz beim Kinde, Stuttgart 1975

PREUSCHOFF, GISELA: Kinder zur Stille führen, Freiburg 1996

SCHNEIDER, MONIKA: Horizonte erweitern, Münster 1999

ZIMMER, RENATE: Handbuch der Sinneswahrnehmung, Freiburg 1995

Empfohlene CDs

Traumstunden für Kinder, RALF KIWIT, Ökotopia Verlag Münster, ISBN: 3-936286-07-8

Am Waldrand, MARTIN BUNTROCK

Ausruhen am Bach, MARTIN BUNTROCK, DIETER GREIFENBERG

Einmal Himmel und zurück (mit Begleitheft), REINHARD HORN

Horizonte erweitern, RALPH PAUL SCHNEIDER

Meer, MARTIN BUNTROCK

Reise zur Trauminsel, MARTIN BUNTROCK

Romantic Winds, MARTIN BUNTROCK

Sound of Nature Vol. 2, JEAN-PAUL GENRÉ

Stimmen der Natur Vol. 2, JEAN-PAUL GENRÉ

Streichelwiese (mit Begleitheft), MARION DEISTER, REINHARD HORN

Wolkenflug, MARTIN BUNTROCK, ARNO WENDLAND

Register

Aktivitäten/Bastelanregungen: Normalschrift · **Fantasiereisen: fett** · *Raumgestaltung/Materialien: kursiv*

Abklopfen 67
Am Lagerfeuer 52
Auf der Luftmatratze 50
Auf der Schaukel 47
Auf hoher See 57
Autowaschanlage 68

Bällchenbad 18
Begehbares Kaleidoskop 81
Bilder malen auf den Rücken 66
Blubbersäulen 13
Bonbons herstellen 107

Das Zauberkügelchen
Deckenbemalung 85
Der Brustkorb als Vibrationskasten 70
Der Klangtisch 69
Der Lieblingsplatz 49
Der Traum vom Fliegen 51
Der verwunschene Garten 51
Der Waldspaziergang 48
Der Zauberatem 43
Diaprojektor 21
Duftbar 101
Duftkerzen 102
Duftmobiles 101
Duftsäckchen 103

Elefantenohrmassage 102
Elfenmärchen 53

Falsch verbunden? 75
Farbenspiel selbst gemacht 79
Farbgestaltung durch Tücher 78
Farbige Computerbilder 80
Farbige Musik 80
Farbwechselstrahler 15
Fenster abdunkeln 12
Flaschenxylophon 75
Fließbilder selbst gemacht 80
Fluoreszierende Leuchtschnur 89
Förderband 68
Früchte der Trauminsel 107
Fühlschlauch 92
Füllwatte 88
Fußbad 95
Fußeln 96
Fußmassage 96
Fußweg 96

Gespensterausstellung 91
Glitzermobiles 84
Gutenachtgeschichte 49

Hängematte 19
Heulrohr 74
Heute ist ein Babytag 47
Hören wie die Babys 70

Kalimba 73
Kinderparfum 102
Kinderzither 74
Klangdusche 69
Klangmobile 75
Klangschale 72
Kleine Katzenkinder 44
Kleines Kaleidoskop 82
Klingender Luftballon 75
Knautschsäcke 19
Knicklichter 90
Kometenbälle 89
Kräuterkissen 103
Kuchenbacken 64
Kuscheldecken 19
Kuschelkissen 19

Lebende Hängematte 61
Leuchtaquarium 87
Leuchtende Bilderausstellung 91
Leuchtende Jonglierartikel 90
Leuchtende Traumfänger 88
Leuchtende Wolle 89
Leuchtgummiband 89
Leuchtschnurspiegel 86
Lichterketten 21
Lichternetz 20
Lichtschlauch 20
Liegelandschaft mit Bodenmatten 12
Luftbett 18

Massage-Öl 102
Milchshakes 107
Mit den Füßen sehen 96
Mobile mit Leuchtfischen 88
Mondbälle 90
Musikanlage 15
Musikwasserbett 17

Ocean Drum 74

Päckchen packen 65
Partnerkarussell 61
Partnermassage mit Igelbällen 66
Partnerschaukel zu dritt 61
Pendel 60
Podest für Liegelandschaft mit Wasserbett 17
Potpourries 103
Purzelzwerge 61

Quetschgesichter 95

Rainstick 74
Räuchern 106
Reise auf dem Fliegenden Teppich 52
Rührtrommel 73

Sandfrosch 93
Schaukelmatte 62
Schunkelrunde 61

Schaukeltonne 62
Schwarzlichtlampe 20
Schwarzlichttüll 88
Sich aufgefangen fühlen 60
Sich getragen fühlen 59
Sicherungskasten 15
Spannbezug aus Kunstleder 12
Spiegelbox 83
Spiegelfolie zur Raumgestaltung 81
Spiegelkabinett 83
Spiegelkugel 14
Spiegelkugel selbstgemacht 84
Spiele im Bällchenbad 63
Sternenhimmel 86
Stoffhimmel 85

Tastbretter 94
Tastmonsterchen 93
Tastsäulen 94
Tastschalen 93
Tastvorhänge 94
Töne sichtbar machen 70
Trockendusche 66
Tunnelspiegel 21

Ufolampe 20

Vögel im Nest 45
Vorraum 15

Waldspaziergang ohne Worte 111
Wandmatten 16
Wärmende Sonne 42
Wasserbett 16
Wetterbericht auf dem Rücken 67
Wir sind Blumenkinder 46

Zauberschnur 89
Zaubershampoo 66
Zauberstäbe 89
Zerrspiegel 82

Adressen

Reinschnuppern ins Snoezelen

Wer die Atmosphäre eines Snoezelen-Raumes vor der eigenen Planung einmal selbst erleben will, kann sich an folgende Adresse wenden:

Verein für Gemeindediakonie und Rehabilitation e. V.
Ansprechpartner:
Thomas Diehl, Dipl.-Pädagoge
Rheingoldstr. 28 a
68199 Mannheim
Tel.: 0621 - 8 44 03-25
Fax: 0621 - 8 44 03-30
E-Mail: diehl@gemeindediakonie-mannheim.de

Erfahrungsfeld zur Entfaltung der Sinne Gesellschaft Natur und Kunst e. V.
Schloss Freudenberg
65201 Wiesbaden-Dotzheim
Tel.: 0611 - 9 41 07 25
Fax: 0611 - 9 41 07 26
E-Mail: schloss.freudenberg@t-online.de
Internet: www.schlossfreudenberg.de

Deutsche Snoezelen-Stiftung
Vor dem Kaiserdom 10
38154 Königslutter
Tel.: 05353 - 90 16 88

Versandhäuser für Snoezelen-Einrichtungen:

Sport-Thieme
Helmstedter Str. 40
38367 Grasleben
Tel.: 05357 - 18 18 1
Fax: 05357 - 18 19 0
Internet: www.sport-thieme.de

Sidijk GmbH
Am Mühlenbach 329/41
41372 Niederkrüchten
Tel.: 02163 80877

Riedel GmbH
Carl-Zeiss-Str. 35
72770 Reutlingen
Tel.: 07121 - 51 53 50
Fax: 07121 - 37 01 43
E-Mail: RiedelGmbH@aol.com

Die Autorin

Sybille Günther ist Diplom-Sozialpädagogin, Erzieherin und Spieldozentin an einer Fachschule für Sozialpädagogik. Neben dem Fächerunterricht ist sie in der Ausbildung von Mentoren tätig und gibt Fortbildungen für LehrerInnen und ErzieherInnen. Sie bietet Kurse für Schwarzes Theater und Themenfeste für kleine und große Leute an.
In ihrer 15-jährigen Unterrichtstätigkeit entwickelte sie gemeinsam mit angehenden HeilerziehungspflegerInnen methodische Ansätze für das Snoezelen mit Menschen mit geistiger Behinderung. Mit diesem Buch ist ihr die Umsetzung von Snoezelen für alle pädagogischen Bereiche gelungen.
Bisher im Ökotopia-Verlag erschienen ist von Sybille Günther **iftah ya simsim** – *spielend den Orient entdecken,* **Das Zauberlicht**, *Spiele, Aktionen und Theater mit Schwarzlicht für Kinder* und **Feuerwerk und Funkentanz**, *Zündende Ideen: Spiele, Lieder und Tänze, Experimente, Geschichten und Bräuche rund ums Thema Feuer.*

Über den Spieleladen der Autorin können einige außergewöhnliche Materialien für das Snoezelen direkt bezogen werden.

Kinder spielen Geschichte

Floerke + Schön

Markt, Musik und Mummenschanz

Stadtleben im Mittelalter

Das Mitmach-Buch zum Tanzen, Singen, Spielen, Schmökern, Basteln & Kochen

ISBN (Buch): 3-931902-43-9
ISBN (CD): 3-931902-44-7

G. + F. Baumann

ALEA IACTA EST

Kinder spielen Römer

ISBN: 3-931902-24-2

Jörg Sommer

OXMOX OX MOLLOX

Kinder spielen Indianer

ISBN: 3-925169-43-1

Bernhard Schön

Wild und verwegen übers Meer

Kinder spielen Seefahrer und Piraten

ISBN (Buch): 3-931902-05-6
ISBN (CD): 3-931902-08-0

Im KIGA, Hort, Grundschule, Orientierungsstufe, offene Kindergruppen, bei Festen und Spielnachmittagen

Auf den Spuren fremder Kulturen

Die erfolgreiche Reihe aus dem Ökotopia Verlag

H.E.Höfele, S. Steffe

Der wilde Wilde Westen

Kinder spielen Abenteurer und Pioniere

ISBN (Buch): 3-931902-35-8

Wilde Westernlieder und Geschichten

ISBN (CD): 3-931902-36-6

P. Budde, J. Kronfli

Karneval der Kulturen

Lateinamerika in Spielen, Liedern, Tänzen und Festen für Kinder

ISBN (Buch): 3-931902-79-X
ISBN (CD): 3-931902-78-1

Sybille Günther

iftah ya simsim

Spielend den Orient entdecken

ISBN (Buch): 3-931902-46-3
ISBN (CD): 3-931902-47-1

WELTMUSIK FÜR KINDER

Kinderweltmusik im Internet

www.weltmusik-fuer-kinder.de

H.E. Höfele, S. Steffe

In 80 Tönen um die Welt

Eine musikalisch-multikulturelle Erlebnisreise für Kinder mit Liedern, Tänzen, Spielen, Basteleien und Geschichten

ISBN (Buch): 3-931902-61-7
ISBN (CD): 3-931902-62-5

Gudrun Schreiber, Chen Xuan

Zhong guo ...ab durch die Mitte

Spielend China entdecken

ISBN: 3-931902-39-0

D. Both, B. Bingel

Was glaubst du denn?

Eine spielerische Erlebnisreise für Kinder durch die Welt der Religionen

ISBN: 3-931902-57-9

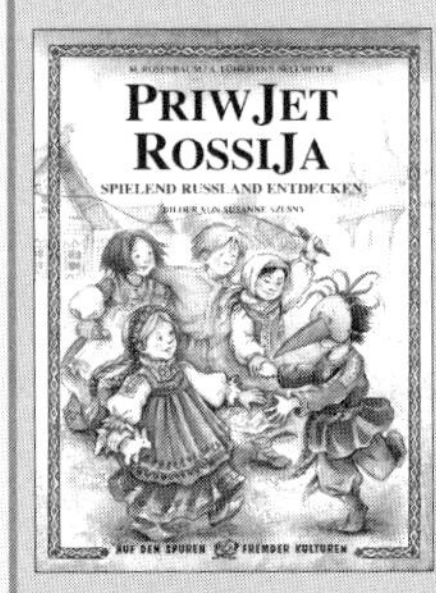

M. Rosenbaum, A. Lührmann-Sellmeyer

PRIWJET ROSSIJA

Spielend Rußland entdecken

ISBN: 3-931902-33-1

G. Schreiber, P. Heilmann

Karibuni Watoto

Spielend Afrika entdecken

ISBN (Buch): 3-931902-11-0
ISBN (CD): 3-931902-12-9

Miriam Schultze

Sag mir, wo der Pfeffer wächst

Spielend fremde Völker entdecken

Eine ethnologische Erlebnisreise für Kinder

ISBN: 3-931902-15-3

Umwelt spielend begreifen aus dem Ökotopia Verlag

Hafenweg 26 · D-48155 Münster

Wasserfühlungen

Das ganze Jahr Naturerlebnisse an Bach und Tümpel – Naturführungen, Aktivitäten und Geschichtenbuch

Ein Handbuch für Naturwahrnehmungen an Kleinstgewässern mit Experimenten, Rezepten, Geschichten und spannenden Informationen zur Biologie und Mythologie von Pflanzen und Tieren. Für jede Jahreszeit werden verschiedene Spiele und Wahrnehmungsübungen vorgestellt, die das Verständnis und die Achtung für das Leben an Kleingewässern fördern.

ISBN: 3-936286-13-2

Von Leuchtfischen und Meerjungfrauen

Kleine Landratten erfahren spielerisch Spannendes und Wissenswertes über den Lebensraum Meer

Der Gruppenraum wird zur Meeresgrotte, der Sandkasten zum tropischen Strand und das Wohnzimmer zur Unterwasserwelt! Kinder holen sich das Meer nach Hause und erforschen Ozean und Küste, Schifffahrt und Wetter, Meerestiere und Seeungeheuer in vielfältigen Spielen, Experimenten, Geschichten, Bastelaktionen und Rezepten.

ISBN: 3-936286-35-3

Wiesenfühlungen

Das ganze Jahr die Wiese erleben Naturführungen, Wahrnehmungsspiele und Geschichtenbuch

Wiesen sind Orte verschiendenster Geräusche, Gerüche, Farben und auch Gaumenfreuden, die nicht nur unseren Huftieren und Hasen schmecken. Unsere Wiesen sind aber auch Abenteuer- und Spielplätze, Orte der Ruhe und des Sonnenbadens, ein Zauberland, eine Universität und ein Garten.

ISBN: 3-931902-89-7

Naturnahe Spiel- und Begegnungsräume

Handbuch für Planung und Gestaltung

Grundlagen, Gestaltung, Raumbeziehungen, Pflanzen- und Materialauswahl, Bau in Bürgerbeteiligungsmodellen, Normen und Vorschriften, Wartung und Pflege, Kosten, Agenda 21

Das Handbuch wird ideal ergänzt durch eine CD-ROM mit 350 Dias, Video, zahlreichen Arbeitspapieren und Planungsunterlagen zum Ausdrucken.

ISBN: 3-931902-75-7

Waldfühlungen

Das ganze Jahr den Wald erleben – Naturführungen, Aktivitäten und Geschichtenfibel

Der Wald ist ein Abenteuer – ein Spielplatz, ein Zauberland, eine Universität und ein Garten. Die Bäume erzählen uns Geschichten, die in Sagen, Märchen und Gedichten weitergegeben werden. Aber auch andere Waldbewohner bieten Interessantes und Erstaunliches

ISBN: 3-931902-42-0

Mit Kindern in den Wald

Wald-Erlebnis-Handbuch
Planung, Organisation und Gestaltung

Es ist den Autorinnen gelungen, aus ihren vielfältigen Erfahrungen in Projekten mit Kinder-Gruppen ein echtes Wald-Erlebnis-Handbuch zusammenzustellen, das von der Planung, Organistion bis hin zur Durchführung zahlreiche Anregungen und Hilfestellungen gibt.

ISBN: 3-931902-25-0

Käfer, Katze und Kaninchen

Tiere zu Besuch im Klassenzimmer und Kindergarten zum Anfassen, Beobachten und spielerisch Kennenlernen

Tiere aus Haus und Garten zu Besuch im Klassen- oder Gruppenraum: zum Kennenlernen, Streicheln, artgerechten Versorgen, zum Bestaunen und Bewundern – nahe gebracht in vielen Spielen, Experimenten, Bastelaktionen und Geschichten.

ISBN: 3-936286-14-0

Kiesel-Schotter-Hinkelstein

Geschichten und Spiele rund um Steine

Für Kinder und Erwachsene, für Einzelne und Gruppen bietet dieses Buch eine Fülle von Anregungen zum Forschen und Entdecken, zum Spielen und Formen, zum Sinnen und Sprechen.

ISBN: 3-925169-77-6